湛庐CHEERS

与最聪明的人共同进化

HERE COMES EVERYBODY

CHEERS
湛庐

发现你的依恋类型

ATTACHMENT THEORY

[美] 泰斯 · 吉布森 著
Thais Gibson

胡晓姣 路 佳 应李鲛 译

浙江科学技术出版社 · 杭州

你能解读亲朋好友发出的依恋信号吗?

扫码加入书架
领取阅读激励

扫码获取全部
测试题及答案,
一起了解改善人际关系的
实用策略

- 夫妻间的冲突很大程度上是由没有意识到的未被满足的需求造成的吗?

  A. 是

  B. 否

- 父母中有一方始终陪伴在孩子身边,与孩子感情深厚,而另一方却十分冷漠。在这样的家庭模式中成长的孩子成年后更易有以下哪种倾向?(单选题)

  A. 经常自我安慰

  B. 喜欢独处,远离朋友

  C. 对从事的职业热情满满

  D. 总觉得老板在针对自己

- 潜意识的构建主要依赖哪两个因素?(单选题)

  A. 情绪压抑和语言影响

  B. 重复体验与强烈情感

  C. 意识觉知与自我控制

  D. 思维训练与逻辑判断

扫描左侧二维码查看本书更多测试题

亲密关系没那么难

我是本书的作者泰斯·吉布森。本书旨在让读者了解自己童年时期的种种经历如何对成年后的各类人际关系产生影响——无论这些关系是亲密的恋人关系、柏拉图式的朋友关系还是亲近的家庭关系。本书将依恋理论与各种治疗技术结合起来，以期帮助读者了解自己以及所爱之人的依恋类型，并修复各种依恋类型可能存在的核心创伤。

多年来，我曾多次参与网络连线对话、研讨会及个人成长培训机构的在线教育项目，与数千人共事过。在工作期间，我发现很多人成年后的行为与童年时期的经历有明显的相似之处。本书将传统观点与潜意识模式的相关知识结合起来，为人们实现人际关系的深层转变提供多种方法。我还将传统的心理学研究方法与我本人开发的前沿新技术结合在一起，希望能帮助到你。

通过阅读本书，你便会知道自己是什么依恋类型，周围的人又是什么依恋类型，要成为最健康的自己必须采取哪些措施等。本书将深入探究安全型依恋、疏离－回避型依恋、焦虑型依恋以及恐惧－回避型依恋等不同依恋类型的人的潜在习惯。除此之外，本书还会揭示与各种依恋类型有关的核心潜意识创伤。我将通过四种主要治疗方法——接纳与承诺疗法（Acceptance and Commitment Therapy，ACT）、认知行为疗法（Cognitive Behavioral Therapy，CBT）、情绪聚焦疗法（Emotion-Focused Therapy，EFT）、RAIN（Recognize，Allow，Inrestigate，Non-identification）四步法教你如何重新建构自身的潜意识。

本书分为以下三个部分：

1. 依恋理论介绍。
2. 四种依恋类型的相处指南。
3. 加强人际关系的实用策略。

通过第一部分，你会了解到依恋理论的起源及其发展历程，理解它是如何对人们童年时期的种种经历引发的行为做出更准确的概括的。尽管本书的阅读顺序无所谓先后，但若按章节写作顺序阅读，便可获取最大价值，因为书中每个部分都是基于上一部分内容展开的。

第二部分将深入探究几种依恋类型是如何产生的。这部分内容将帮助你了解自身的依恋类型，以及你的各种人际关系中其他人可能属于哪种依恋类型。当你理解了你自身的依恋类型是如何产生的，就能逐渐了解你自己未被满足的需求可能是什么，也将了解某些过时的观念是如何影响你的日常生活的。

在此基础上，本书第三部分会提供一些技巧，帮助你改变那些将你的生活和人际关系搞得一团糟的过时观念。这部分提到的每种治疗方法都是基于我个人的研究发现进行的拓展，旨在帮助你真正改变自己的生活！

ATTACHMENT THEORY

目录

第二部分　四种依恋类型的相处指南

第三部分　加强人际关系的实用策略

ATTACHMENT THEORY

第一部分

依恋理论介绍

通过了解不同的依恋类型，
以及这些类型在不同的人际关系中如何改变，
你就能学会如何修复自己以及所爱之人的动态关系。

本书自始至终都会带领你对自己的依恋类型以及所爱之人的依恋类型进行内省式探索。这会帮助你更好地理解如何应对人际关系中的挑战，如何改变各种依恋类型的触发因素，如何才能爱得更深沉，以及如何理解自己和他人。

本书探讨了什么是依恋理论，以及依恋类型是如何影响我们与他人的日常交往的。大量研究表明，一个人童年时期的亲子关系与其成年后最终表现出的依恋特征之间存在明确的相关性。若依恋类型不健康，我们可以加以改变，这样内心会变得更有安全感，我们才能以更健康的方式爱护他人、与人交往。本书将提供各种方法、策略和步骤来帮你构建更健康的依恋类型，改变一些阻碍因素，让你在处理友情、亲情和爱情等人际关系时能够充分发挥自身潜力。

第 1 章

依恋理论大揭秘

依恋理论的建立以一个基本概念为前提，即依恋是所有人际关系的主要机制，无论是亲密的恋人关系、柏拉图式的朋友关系还是亲近的家庭关系，都存在依恋。依恋类型根据影响人们日常关系的因素进行划分，它会随着时间的推移而发生改变，这种改变既可能是向好的方向转变，也可能是向不好的方向恶化，其走向取决于人们的生活环境。要想学会在各种人际关系中提升亲密感和亲近感，必须先了解依恋类型。

人们童年时期的种种经历会影响其在成年后表现出来的诸多特质，这些影响就体现在后文所讲的依恋类型中。虽然几种依恋类型之间常有重叠，但人们的确能够随着时间的推移改变其依恋类型。此处不妨假设有位姓陈的姑娘。陈姑娘小时候，她的父母对她不管不顾。由于药物滥用的问题，陈姑娘的父母在女儿最需要他们的时候，既没有给予她情感抚慰，也没有做到用心陪伴。陈姑娘做功课遇到困难或在学校被人欺负时，她的父母也全无察觉。久而久之，陈姑娘越发认为，想要活下去她就必须学会自立。这一信念逐渐成为她自我认知的一部分，后来在她的朋友关系和恋人关系中也得到了体现，甚至还延伸到她的家庭关系之中。

儿时的陈姑娘因为父母的疏忽大意经常倍感脆弱无助，因而她在后来的生活中一直竭力避免在他人面前示弱。她也有几个朋友，处过几个恋人，但她从来没觉得自己与他们的感情有多深厚，也不明白为什么会这样。陈姑娘没有认识到，正是她为了避免再次倍感受伤而刻意避开了依恋的信念模式（belief patterns），所以才导致她在潜意识里避免与他人过于亲密。

这个例子体现的只是依恋类型中的一种，这种类型素来多见，但当事人却往往对其鲜有了解。例子中的陈姑娘只有了解了这种依恋类型的成因，才能彻底改变造成孤独、形成人际关系障碍的因素。

在本章中，你将进一步了解依恋理论的起源和依恋类型的划分。掌握了这些知识，你也就掌握了改变自身人际关系的方法。

什么是依恋理论

依恋理论研究的是个体在童年时期与其照料者相处的种种经历会对其成年后的人际关系产生何种影响。这一理论是由约翰·鲍尔比（John Bowlby）和玛丽·安斯沃思（Mary Ainsworth）于 20 世纪 60 年代共同创立的。安斯沃思毕业于多伦多大学，专攻安全型依恋理论，该理论强调儿童对其照料者的依赖。然而后来安斯沃思在找工作时所确立的目标，只是为了能与鲍尔比共事，因为鲍尔比对传统心理学做了重构。鲍尔比是剑桥大学的学者，彼时正与两个刚毕业的年轻人共事，这段工作经历对他产生了深远的影响。

与年轻人共事后，鲍尔比对“依恋”问题越来越感兴趣。鲍尔比的两位年轻同事：一位沉默寡言、冷漠孤僻，从小就缺乏母爱；另一位则十分胆小，常跟在鲍尔比身后寸步不离。根据《依恋理论的起源》（*The Origins of Attachment Theory*）一文中的观点，第二个年轻人的父母在他小时候要么专横跋扈，要么彻底缺位。两位年轻同事的性格及成长经历之间的显著差异引起了鲍尔比的兴趣，于是他开始研究个体成长经历与其成年后的人际关系之间的相关性。他心中好奇：孩子小时候受到怎样的对待与其长大后怎样对待他人之间是否存在关联？这份好奇，加上他倾其余生为回答前述问题所做的努力，为依恋理论的诞生奠定了基础。

自 20 世纪 60 年代以来，依恋理论一直备受关注，并且得到许多医生和研究人员的实证支持。该理论不断精进完善，发展到今天，它已成为清楚地阐明童年的养育方式如何影响个体成年后的人际关系的成熟理论。

依恋类型，或者说不同类型的童年经历在成年后的表现方式，主要可分为以下四种基本形式：

1. 疏离 – 回避型依恋。
2. 恐惧 – 回避型依恋。
3. 焦虑型依恋。
4. 安全型依恋。

疏离 – 回避型依恋

疏离 – 回避型依恋的人会有以下表现：

- 通常沉默寡言。
- 高度独立。
- 情感上与他人疏远。

- 不太可能与他人亲密交往。
- 很难与伴侣亲密无间、如胶似漆。
- 被过度依赖会不知所措。
- 最终身体和情感均会退却。

疏离－回避型依恋的人的核心信念或潜意识里反复出现的看法，会导致其在人际关系中始终存在匮乏感和不确定感。他们在内心最深处确信，自己在别人身边是不安全的，而且这种脆弱感总会给他们带来痛苦。

与其他依恋类型的人一样，尽管疏离－回避型依恋的人在其人际关系中可能会暴露缺点，但他们其实可以成为很棒的伴侣。只要对疏离－回避型依恋的成因有更加深入的了解，两人的关系就会更健康、更快乐、更令人满足。

那么，为什么疏离－回避型依恋的人与他人如此疏远呢？这种类型的成年人，他们的父母通常会在他们的童年时期有所缺席。这种缺席可能表现为对孩子身体或情感上的照护不周，或者对孩子的学习方面不闻不问。由于孩子的生存很大程度上仰赖于父母，所以那些父母失职的孩子必须学会自我安慰。最终这种类型的孩子可能会形成这样一种信念：只有依靠自己才是安全的。他们会潜意识地将这种信念带入成年期，行为上表现出疏远、疏离的倾向。然而，这种行为倾向可以利用一定的时间予以纠正——人们可以通过给予持续稳定的情感支持、鼓励追求独立与自我提升以及开展真诚坦率的直接沟通，逐步与疏离 - 回避型依恋的人建立健康的人际关系。

恐惧 - 回避型依恋

恐惧 - 回避型依恋的人会有以下表现：

- 在人际关系中通常表现出持续的矛盾心理。例如，他们在面对伴侣时，经常在脆弱和疏远两种状态间不断转换。这一矛盾行为贯穿他们的所有人际关系，而不仅限于伴侣关系。

- 通常会深度解读身势语，喜欢过度分析微表情、肢体语言和言语措辞，观察其中是否有背叛的迹象。这是因为他们童年时与其照料者之间存在不信任关系。例如，与吸毒成瘾或情绪不佳的父母在一起生活，就可能导致这种不信任的产生。
- 不会轻易地相信他人。
- 经常感觉背叛近在眼前。

恐惧-回避型依恋的核心创伤通常表现为“无价值、被利用、不安全”等负面感觉。

恐惧-回避型依恋的人为何这样善变莫测呢？究其根源，他们的核心创伤和混乱行为通常源自儿时遭受的某种形式的虐待。然而，这种虐待同时又伴随着父母一方或双方偶尔的情感支持，这一矛盾的做法会令年幼的他们产生本能的不信任感，也会使他们感到十分困惑，于是他们在学着预测背叛的同时也渴望得到爱。由于情况反复无常，这种类型的人很难掌握某种策略，与其照料者建立普通的依恋关系或亲密关系。

此外，由于从小就认为爱是一个混乱的复合体，恐惧－回避型依恋的人在成年后往往会经历巨大的内在冲突。他们想要感受与他人的紧密联系，但同时又会在潜意识里认为这是一种威胁，内心便会产生怨恨或沮丧的情绪，这些情绪随后会投射到他们的人际关系中。

归根结底，恐惧－回避型依恋的人在其人际关系中最初会以可爱伴侣的面目示人，可当他们脆弱不堪时，他们会因为感到害怕，继而选择离开。要想和这一类型的人维系良好的关系，其伴侣或朋友必须始终与其保持深度沟通。这也意味着恐惧－回避型依恋的人要开放和尊重彼此的边界，如此才能得到始终如一的安慰。

焦虑型依恋

焦虑型依恋的人会有以下表现：

- 通常会高度牺牲自我以“悦他”。
- 害怕被拒绝。
- 害怕被抛弃。

与恐惧－回避型依恋一样，焦虑型依恋的产生与童年时期照料者的反复无常有关。然而，就焦虑型依恋而言，这种反复无常很大程度上源自照料者无故缺席，而非虐待孩子或有心无力。

总而言之，孩子产生焦虑型依恋的原因，就是没有稳定的照料者长久陪在身边。焦虑型依恋的人的核心创伤包括缺乏信心、害怕被拒绝，因为这种类型的人的父母总是前脚关注孩子，后脚又对他们不理不睬。

有些父母的育儿方式变化无常，也可能是因为这些父母虽然有能力对孩子进行照料，却因为没时间或者其他情形导致做不到，如父母有能力与孩子顺畅沟通，有时却不得空闲而导致无法与孩子顺畅沟通。不妨以乔纳森的例子来说明这一点。乔纳森的父母都在军队工作。在乔纳森的整个童年时期，父母对他的情感付出和投入从未缺席，可他们总是忙工作，总是出差，经常一出差就很长时间，要么一人出差，要么两人都出差，留下乔纳森和祖父母一起生活。这种没有定数的生活让乔纳森十分渴望与父母亲近。他知道那种亲近和亲密的感觉，因为父母曾经向他表达过这样的情感。然而，这种聚散无期的状态令乔纳森倍感痛苦，每次父母离开时，他总是渴望更多的亲密接触。聚散不定的生活让乔纳森高度警觉，总害怕被抛弃。乔纳森的潜意识思维通过持续接触的所有事物了解各种模式，最终围绕“害怕被抛弃”形成了一整套思维模式。

人类与生俱来的少数恐惧感之一，便包含对被抛弃的恐惧，因此长期不稳定的育儿方式会触发孩子的焦虑感，促使他们产生被抛弃的感觉，所以成年以后他们会牺牲自己的需求，下意识地维护各种人际关系。

为了避免被抛弃或被拒绝，焦虑型依恋的人在友情和爱情中通常会过度付出或迎合对方，但这也会不可避免地导致他们内心的不满和怨恨。对于焦虑型依恋的人而言，这种情形是他们分不清“妥协”和“牺牲”导致的。焦虑型依恋的人通常无法辨别两者间的差异，“妥协”是暂时搁置自己的需求，“牺牲”则是完全抛开个人需求，而这通常会导致长期冲突。随着时间的流逝，焦虑型依恋的人通常会陷入不健康的相处模式之中，感觉自我价值缺失，遭遇失败的爱情或友情。

尽管这些不良习惯或情绪均是由焦虑型依恋的核心创伤导致的，但它们是可以治愈的。在历经考验、朝夕相伴、感情深厚的关系当中，焦虑型依恋的人可以成为理想的伴侣，并逐渐成长为真实的自己。

安全型依恋

安全型依恋的人会有以下表现：

- 在人际关系中感到安全。
- 通常会对朋友和伴侣予以支持、给予陪伴、开诚布公。
- 可以帮助其他依恋类型的人转向更安全的区域，借助适当的工具确保他们都能获得安全感。

安全型依恋产生的基础便是童年时期父母的陪伴和支持。父母告诉他们：即使脆弱无助时，你也是安全的；你的每项需求都值得被满足。早期研究认为，支持型育儿模式下孩子的安全感表现在：照料者在场时他们可以自由探索；然而照料者离开时，他们明显会沮丧起来，因此陪伴必不可少。

依恋类型是人类总结出来的，同样也可以由人类改变，改变的目标就是向安全型依恋靠拢，远离前文提及的种种行为。尽管其他依恋类型也不代表谁生来性格就是有缺陷的，但是这些类型很可能会导致人们延续不健康的习惯，加剧消极观念的产生。

大家通过学习不同的依恋类型，了解这些类型在不同的人际关系中如何改变，就能学会如何修复自己与伴侣以及那些最亲近的人之间的动态关系。

你将会具备发掘自身潜意识机制的能力，甚至可以重塑自己的思维。诸位一旦掌握了依恋理论知识，就可以真正开启自我完善之旅了。

依恋理论是怎样形成的

既然大家对每种依恋类型都有了更好的了解，后文就会提供更多细节帮助各位了解依恋类型究竟是怎样形成的。如前所述，疏离－回避型依恋的人童年时期父母极不负责。在通常情况下，他们的父母在情感呵护、身体照护以及学习督促等方面是全面缺席的。

忽视通常始于童年早期（从出生到三岁），一般表现为无故缺席，如婴儿大哭时父母对孩子的哭闹置之不理，这个孩子就会认为表达情感是徒劳的，只会遭到拒绝。在成长发育早期遭到这样的拒绝，会对这个孩子最初的潜意识建构产生影响，让他觉得表达情感时一定会遭到拒绝，这一观点在《转化发展精神病学》（*Translational Development Psychiatry*）第三卷中有所提及。因为人类少数与生俱来的生理恐惧之一就是害怕被抛弃，所以遭拒的婴儿会切换至低配版“战斗－逃跑反应”的状态。

这种思维状态会让这个孩子接下来转入交感神经持续兴奋的状态。从生理学角度看，这意味着这个孩子的大脑中除正常的物质之外，还会释放过量的皮质醇（即应激激素)。哈佛大学的研究人员曾将童年时期身体长时间处于高皮质醇状态的情形称为“毒性”应激。毒性应激会阻碍认知发展，可能会导致个体成年后做出不光彩的举动。毒性应激造成的影响可能还包括大脑发育受损、成年之后面对压力过于敏感，以及长期情感障碍等。

疏离－回避型依恋也可能在三岁之后的童年时期形成。假定有个名叫罗斯的七岁男孩。罗斯在童年生活中，从来没有父母陪在身边，也没有得到过来自他们的情感慰藉。他的父母都从事高收入工作，送他读私立学校毫无经济压力。然而，当他在学校遭遇校园霸凌问题时，父母却不以为意，说小孩子都会碰到这样的事。因为罗斯学习成绩一直不错，各项课后活动也没耽误，所以父母也没有费心去确认孩子的感受。因此，罗斯常常感到很孤独，他在潜意识里相信能抚慰自己的人只有自己。正如各位所见，情感忽视不见得是指孩子本人遭人遗弃，可能包含更广义的忽视，如照料者无故缺席，或者孩子与照料者之间缺乏情感沟通等。

此外，疏离 - 回避型依恋也可能是在父母一方的情感忽视和另一方的牵绊之殇（enmeshment trauma）共同作用下形成的。牵绊之殇是一种情感创伤形式：当父母一方或双方将自己的价值观、需求以及梦想投射在孩子身上时，就会造成这种情感创伤。这会导致孩子为了取悦照料者而放弃自我意识。最终，孩子会觉得好像只有顺应父母的需求自己才有资格得到爱，若再碰上照料者对这孩子疏于照护的情况，两相作用下这个孩子就会觉得自己在情感上遭到了抛弃。

说到底，疏离 - 回避型依恋的人其实是想切断自己与周围人的联系，因为他们潜意识里将遭人拒绝与自己不值得被爱联系在一起，导致自己在情感上难以承受。成年以后，他们在独处时可以保持心态平和，潜意识里会感觉一切尽在掌握中。然而当他们面对各种人际关系时，他们需要时间独处来安慰自己，因为独处会触发他们最积极、最温暖的童年记忆。因为在潜意识里，他们与所了解的事物相处时最“舒适”，所以他们的潜意识会主动工作重新营造一种熟悉感。

对于疏离-回避型依恋的人来说，这意味着成年后他们面临情感挑战时会退缩。对于那些与疏离-回避型依恋的人交往（或自己本身就属于这一类型）的人来说，若他们未能就这一问题的应对机制达成共识，那么他们的人际关系就会出现问题。因此，要想开启自我修复或人际关系修复之门，就必须先了解这些依恋类型从何而来，然后学习如何一步步彻底修复它们。

与疏离-回避型依恋的人不同，恐惧-回避型依恋的人在成长过程中父母一方或双方均存在情绪反复无常或在情感上虐待孩子的情况。这种依恋关系中，父母的情绪波动通常表现为吸毒成瘾、实施暴力或人格障碍等。尽管反复无常，但这类父母还是能够与孩子建立情感联系的。这一点会让孩子内心深感迷惑，因为他们不知道该顺应本能还是适应具体情形。从生物学上讲，孩子生来就会依恋父母，可当这个孩子真的与情绪无常的父母建立联系时，又会觉得无所适从。

父母与孩子之间这种不稳定的联系令人捉摸不透，使人感觉缺乏安全感。尽管孩子渴望与父母亲近，但是当他们真的与父母亲密接触时又会感到局促不安、十分痛苦。究其根本，是这些孩子没有形成一种依恋策略。因而恐惧 - 回避型依恋的人会一直处于痛苦挣扎的境地——在人际关系中时而脆弱不堪，时而冷漠疏远。因为他们自儿时起就没有学会自我安慰，与照料者亲近时也没有安全感，始终处于一种错乱的状态。因此在依恋理论中，恐惧 - 回避型依恋有时也被称作焦虑 - 回避型依恋或错乱型依恋。总而言之，恐惧 - 回避型依恋的人会通过重启往昔的记忆，提醒自己与他人深层交往或暴露自身弱点都是不安全的，但同时，他们又无比渴望与别人亲近。

恐惧－回避型依恋也有可能源自孩子与父母的单向联系。这意味着父母一方或双方依赖孩子给予他们情感支持，却不给孩子相应的情感回应。我们假定有个名叫卡米拉的女孩，就以她的故事为例。卡米拉的父母经常激烈厮打，事后父亲常会冲她发牢骚以发泄对她母亲的不满。卡米拉只是个不明就里的孩子，但她的情感需求会得到一定程度的满足，因为她与父亲之间总算是有交流的。但同时，父亲又让卡米拉觉得她的付出不配得到相应的回报，这让她觉得自己若想要得到关爱，必须在一段关系里证明自己的价值，必须做出自我牺牲。

从根本上说，恐惧－回避型依恋是由长期反复无常的育儿模式导致的。信任很大程度上依赖于始终如一的关爱，所以恐惧－回避型依恋的人经常会在要满足自己与他人建立情感联系的自然需求，就要承受随之而来的精神痛苦的情况下苦苦挣扎。因为各种依恋类型的影响也分等级，所以必须牢记一点：孩子八岁之前大脑主要产生 α 和 θ 两种脑电波（与催眠状态下产生的电波相同），若孩子在八岁之前信任感就发生了崩塌，那么依恋类型对其影响将尤其严重。

若父母对孩子施加身体虐待、性虐待或者精神虐待，就会导致亲子之间的信任感严重崩塌，孩子会进而形成影响更大的恐惧－回避型依恋。与疏离－回避型依恋的人一样，恐惧－回避型依恋的人总会不由自主地表露出自己儿时形成的依恋类型，以求进入他们的潜意识舒适圈。这会导致恐惧－回避型依恋的人在成年后的各种人际关系中做出明显前后矛盾的“推拉式”行为，即持续在两种情况之间挣扎：有时与他们的伴侣或朋友很亲近，但转眼之间又变得疏离而冷漠。

如前所述，焦虑型依恋的成因多半是童年时期父母的无故缺席而非父母的虐待。成长为焦虑型依恋的孩子，其父母中的一方或双方总是无常，这一刻还陪在孩子身边、满怀关爱，下一刻又无故缺席、见面都难。因此，有父母相伴时这些孩子会产生信任感并与父母建立深厚的联系，父母不在身边时他们会产生一种强烈的情感渴望。正如一家科普网站中所说的，除其他神经化学物质之外，与父母之间的联系还会使孩子的大脑释放催产素。父母突如其来的冷漠会让孩子更加渴望与父母一方或双方亲近，对他们形成更深层次的依赖，从而获得安慰。然而，这样的疏远隔阂其实并不足以让这类孩子学会如何进行自我安慰，所以他们对父母的依赖反而会进一步加深。

于是，围绕“害怕被抛弃”心态而建构的潜意识机制开始在焦虑型依恋的人心中扎根。当父母与他们分开时，他们的情绪会产生强烈反应，因为渴望亲近而不得，常会感觉孤独又没人爱。父母这种反复无常的育儿模式最终会导致孩子认为必须做出自我牺牲才能让父母常伴身边，才值得父母疼爱。他们一旦为维系亲子关系倾尽了所能，就会在潜意识里相信父母定会常伴左右。这最终会导致焦虑型依恋的人成年之后对那些令他们牺牲自我需求和价值的人心怀强烈的怨怼。若不理解自己这样做的缘由是什么，他们会持续这样的行为，甚至严重影响他们最珍视的关系。

因此，你或你所爱之人是否正处于与罗斯或卡米拉一样的境地？如果是的话，你现在也许就该着手了解这些行为是如何产生的。这意味着你要逐渐掌握一些必要的方法，与你所爱之人以及你自己建立起坚韧、持久的关系。试着问问你自己：如何运用已知信息？应该采取何种策略运用新发现的信息？我的建议是：先将你的答案写下来，再阅读本书余下的部分，看看你所运用的策略是正确的，还是可能会让你陷在一种错误的惯性思维中。

我们不妨将潜意识思维视作一台超级计算机。你的潜意识思维会存储你一生中所有的记忆。虽然你不一定能在意识层面自觉地获取所有记忆，但你的大脑会储存并加强所有人生经历。这些人生经历包括你的思维方式、情感联系、各种习惯以及世界观。它们其实都是塑造你人生观的重要思维模式，同时也是你用来观察内心世界的滤镜。

有一些思维模式是积极、有益的，有些则是消极悲观、由恐惧心理触发的。典型的例子就是你心中有这样一种想法——“不能相信任何人！”想想这个想法会对你和他人的关系产生怎样的影响吧。

通过运用你的意识心理不断创造新想法、开创新实践，便可以对潜意识思维中造成痛苦的模式进行重构。

有很多方法可以实现这一点，其中大多数都需要结合情绪重复采用某些想法或做法。总而言之，作为恐惧-回避型依恋的人，你必须重新构建自身的潜意识，从而对令你不安的所有因素正本清源。本书将为各位提供建议、诀窍和技巧，为你助力。

依恋理论如何影响你的日常互动

据美国儿童和青少年心理健康协会（ACAMH）发布的数据来看，依恋理论在医生、律师、政客和教师等职业中得到了广泛应用。因其有助于解释育儿方式与儿童后天发展之间的关系，这一理论可以在各种需要“预测和解释行为”的领域发挥作用。虽然依恋理论对于理解恋人关系效果尤甚，但它同样可以用来指导与朋友和亲人的相处过程，甚至可以对职场中的种种行为加以分析。

若要真正了解自身的行事方式，不妨试试依恋理论。比如，儿时你的父母可能在情感上对你呵护不周，态度反复无常，依恋理论可以帮你拉近与父母的关系。当你了解到自己内心的痛苦以及这些痛苦对你产生怎样的影响时，你可以借助介绍的技巧进行自我修复，并修复深受你的依恋类型影响的所有人际关系。

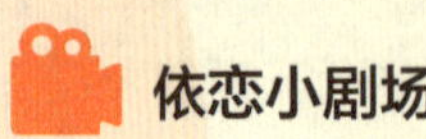

依恋小剧场

帕克的故事

形成焦虑型依恋的另一种情况是，父母中有一方始终陪伴在孩子身边，与孩子感情深厚，而另一方却十分冷漠。这也是父母对待孩子反复无常的表现形式之一。

这次假设有一个叫帕克的男孩，他的父亲始终陪伴在他的身边，而且十分善解人意，对他充满关爱。但他的母亲却恰恰相反，她总是为工作奔波忙碌。帕克内心总想与父母亲近些，这是因为尽管他与父亲亲近相处建立起了积极的联系，但这种积极的联系却因母亲的缺席不断减弱。这样一来，他便会尽量采用激活策略，即运用过去的知识制定未来的决策，其目的就是让母亲留在他身边。然而，帕克的精力都用在了维持他与母亲的亲密关系上，根本没精力再去学习如何自我安慰。

你会发现：焦虑型依恋的人在成年后总会竭力防止

别人离开自己，他们会揣测对方的需求，然后依照这些需求行事，而不是根据实际问题对症下药。

身为一个成年人，帕克每天都和伴侣吵架，因为他总觉得只有自己在为这段关系付出。为了爱情，他搬到了伴侣的城市，甚至放弃了原先的工作，进入一个新的行业。久而久之他便心生怨怼，但权衡之后又觉得自己的选择十分合理，还说如果自己不这么做，这段恋情就“没戏了”。

在工作中，老板一旦批评了他做的项目，他就会担心自己的工作不保。老板或许只是想将项目向另一个方向推进，但帕克却总觉得老板在针对他。与朋友相交，他也时常担心自己是否因忙于其他事务而对他们关心不够。因为对从事的职业提不起热情，他总是不堪重负、愤愤不平、懊恼沮丧。

现在，我们假设帕克已经明白他种种选择和担忧背后的原因了，他骨子里其实是属于焦虑型依恋的人。他以为放弃自己的需求可以满足别人，让他们留在自己身边。然而实际上，他对伴侣与日俱增的怨怼正侵蚀着他们的关系。在工作上他毫无成就感，因为他不喜欢这个职业，只要有批评和责难，无论针对谁，他都觉得在说自己。与朋友相处，他也不能放松做真实的自己，因为手头总有忙不完的其他事情。潜意识信念里持续运行的“理亏”模式给他带来巨大的痛苦。

上述种种情形中，帕克只需明白一点，即想要拥有更加健康的生活，关键要了解他为何做出前述选择，这些选择又会带来怎样的后果。对自身的依恋类型有所了解后，他就会在人际关系中选择“妥协”而非“牺牲”，就会了解赤诚坚守个人职业理想的重要性，还会消除友情中的焦虑情绪，明白朋友不会无缘无故消失。

尽管这一切改变说起来容易做起来难，但这个通俗易懂的例子还是可以帮我们了解自己的依恋类型将如何切实影响生活的方方面面。

既然各位对依恋理论的广泛应用有了进一步了解，我们还可以探索该理论在医学、法律、子女教育以及公共政策等专业领域中如何发挥作用。依恋理论不仅可以应用于不同的人际关系，还可以用来深入了解各种宏观层面的状况所传递的信息。例如，在子女教育方面，美国儿童和青少年心理健康协会提到过一个例子：掌握依恋理论可以帮助教师（父母）更好地理解学生（孩子）之间的互动。如果有学生表现得沉默寡言，那么教师应该给这个学生必要的空间来消化自己的情绪，之后再走过去与这个学生讨论遇到的问题。此外，研究表明，运用依恋理论还可以推测青少年家中是否发生过攻击性或暴力行为。另外，如果这名学生表现出的行为总是相互矛盾，比如前面表现得咄咄逼人，后面又想化解争端，则表明他的家庭关系可能不太稳定。认清问题后，这个少年就可以摆脱这些矛盾行为，内心更有安全感。除了女教育领域之外，依恋理论在其他专业领域也可以得到类似应用。归根结底，依恋理论可以用于了解人们的个人行为及人际互动行为。

虽然依恋理论应用范围很广，但该理论可能对改善夫妻关系最有效。因为每种依恋类型的人都有一些共同特点，所以了解你或你的伴侣的处事方式、潜意识信念以及所持看法等，可以解决许多重要的沟通问题。例如，在一段恋情中，疏离-回避型依恋的人可能表现得沉默寡言、自立自强。这种类型的人看似独立，实则一直以来只能依靠自己。然而，对于焦虑型依恋的人来说，可能会感觉这样的伴侣好像随时会抛弃他们，因此痛苦万分。但疏离-回避型依恋的人的处事方式并不一定意味着他们在摆脱这段关系，他们其实只是在摆脱自己的负面情绪。

尽管上述种种行为在夫妻关系中可能都是不健康的，但首先应该了解的是这些行为为什么会出现。在爱情中，若一对伴侣对彼此的处事方式和脆弱之处有所了解，他们就能为对方提供切实需要的帮助。例如，疏离－回避型依恋的人需要持续不断、坚定不移的情感支持与认可。他们从小受到情感忽视，需要慢慢懂得自己自始至终都可以毫无顾虑地依赖对方。

焦虑型依恋的人需要别人的安慰和关爱才能明白自己已经足够好，不会再被抛弃。对你伴侣的痛点以及你本人内心的痛点做一个简单了解，便能开启此前从来未能达成的顺畅交流——这些痛点你以前可能都没意识到。

此外，你的依恋类型也与盖瑞·查普曼（Gary Chapman）博士所说的“爱的语言”相呼应。查普曼博士指出，世界上有很多不同的口头语言，这些口头语言中又包含不同的方言，同样，爱的语言也有不同的方式，让人们在与他人交流互动时表达爱与感激，无论是与爱人、朋友还是家人，都需要这样的表达。据查普曼博士书中所言，爱的语言有以下五种不同的表达方式：

1. 肯定的话语。
2. 付出的行动。
3. 赠送和接收礼物。
4. 精心的时刻。
5. 肢体的接触。

考虑到一段亲密关系中一对爱侣所属的依恋类型可能会有不同，因此不同的表达方式也许更容易令人接受。依恋理论适用于许多情况，与其他理论搭配运用可以使夫妻关系得到更全面的改善。在接下来的几章中，本书将深入探讨各位属于何种依恋类型，以及你的依恋类型意味着什么，它又是如何影响你生活的方方面面的——从伴侣之间的爱情到同事之间的友情，无一不包。

第 2 章

依恋类型速查指南

本章将探讨两个重要问题：依恋类型如何变化，以及如何发现自己的依恋类型。你将了解到，人的依恋类型会因人际关系的类型不同而发生变化，这些人际关系包括友情、爱情和亲情。例如，如果一位朋友陷入一段极其有害的友情之中难以自拔，并不一定意味着他在这个过程中产生的潜意识信念会代入爱情之中。

本章还将探讨在一种人际关系的情境下，如一段特定的友情中，潜意识信念如何影响同类型的其他关系，以及会带来怎样的挑战。

对自身的依恋类型如何发生变化以及如何被塑造有所了解后，你就能更加了解自己在生活的不同领域中拥有何种依恋类型。一旦你对这个概念有了更详尽的了解，就可以做做后文的测试，这样就能准确判断自己究竟是哪种依恋类型。在接下来的内容中，你将学习如何将自身的依恋类型转变为更安全的依恋类型。

发现你的依恋类型

> **随着潜意识处理的信息不断增多，核心信念会被改写，依恋类型也会随之改变。**

人们习惯性地认为每个人的依恋类型是一成不变的。换句话说，当一个人知道自己是疏离－回避型依恋的人时，他通常认为自己只属于这一种依恋类型。然而，这只是一种浅层次的说法。这一说法体现了一个人的主要依恋类型，但其实每个人的依恋类型都是由各种依恋类型依照不同比例组成的。如果一个孩子的父母既有虐待行为又有情感忽视行为，那这个孩子的依恋类型便会表现出较强的疏离 - 回避型和恐惧 - 回避型依恋特征，后者占比可能更大。这一类型的孩子不大可能拥有安全型依恋和焦虑型依恋的特征，这是因为依恋类型是存在于一定区间之内的。

这就解释了为何一个人的依恋类型会在不同的人际关系中发生变化。例如，依据一个人人生经历的多少和依恋程度，可以判定他是不是易焦虑的恐惧 - 回避型依恋的人。

渥太华大学最近发布的一项研究支持了这一说法。这项研究调查了 2 214 个人的人际关系，调查显示：被调查者和父母相处时表现出的依恋状态，与他们和安全型依恋的伴侣相处时表现出的依恋状态大不相同。

这也佐证了依恋类型有一个变化区间的说法。当个体经历的新事件和新的人际关系强化或驳斥了他们的潜意识信念时，他们的依恋类型就会随着时间流逝而发生变化。

那么关乎修复依恋类型的最重要的问题来了：什么是依恋创伤？

首先要提醒各位注意，依恋类型本质上就是各位对人际交往的一套观念，这些观念在你的潜意识思维中根深蒂固。由于你的潜意识是通过重复体验与强烈情感的结合建构起来的，因此你的依恋类型便是由引起强烈感觉（如恐惧或孤独）的重复性事件决定的。

你的潜意识会慢慢相信随着时间推移所感知到的一切。

依恋小剧场

苏菲的故事

假设有一个名叫苏菲的女孩，她因儿时遭受过身体虐待，每当她在爱情中脆弱无助时，便越来越没有安全感，越来越难受。然而，苏菲的朋友莱莉属于安全型依恋，因为她是在父母的支持与关爱下长大的。因此，莱莉一直以来对苏菲也非常支持，始终尽力稳定她的情绪。这让苏菲在这段关系中感到自己值得被人爱，充满安全感。

随着时间的推移，苏菲潜意识中那种“暴露自身弱点不安全”的信念开始重新建构，因为莱莉将重复体验与强烈情感相结合，让苏菲明白她童年的潜意识信念已经“过时”了。这就是一个人在特定关系中将自身的依恋类型逐步转变为另一种不同类型的方式。

然而，当苏菲面对父母时，她仍不敢对他们的施虐行为做出反抗，因此在与父母相处的过程中，她身上那种恐惧－回避型依恋的阴影依旧挥之不去。

这种情况存在于所有依恋类型中，甚至对于安全型依恋的人来说也不例外。假设莱莉与苏菲的关系很好，但莱莉还有一个好朋友对她却越来越差。这位朋友喋喋不休地向莱莉倾诉有关自己生活的方方面面，却不愿花时间倾听莱莉的生活过得怎样。当莱莉试图向她倾诉时，这个朋友甚至离谱到恶语相加。慢慢地，莱莉的潜意识开始认为自己付出的爱不配得到同样的回报。然后，她开始在所有的朋友关系中形成恐惧－回避型依恋。她因在友情中暴露弱点而深感不安，开始愈加频繁地做出自我牺牲。如果始终没有发觉这些潜意识模式的存在，莱莉会一直处于情绪混乱不安的状态，并开始牺牲自己来取悦朋友，这都是潜意识信念持续作用的结果。

为了更好地了解某种类型的人际关系中的依恋类型如何对同类型的其他人际关系产生负面影响，美国堪萨斯大学进行了一项研究，对柏拉图式朋友关系中的依恋类型的两个方面进行了评估：

1. 联系强度：个体的关系网中各种联系有多紧密。
2. 身份多重性：个体在关系网中扮演了多少种角色。

这项研究指出，有高回避倾向的人的联系强度和身份多重性较弱。然而，焦虑型依恋的人明显不太可能与他人解除联系，但他们的朋友往往会对这段关系感到窒息，会主动采取行动解除这段关系。

堪萨斯大学的研究证明了个体身份多重性的两部分命题：

1. 一个人的依恋类型可能会因关系类型（如

友情、爱情等）而异。

2. 一个人在一种关系（如一段特定的友情）中的行为可以扩展到其同类型的其他关系（如与其他人的友情）中。这个概念很重要，因为它准确地证明了潜意识基于重复体验与强烈情感而存储和复盘各种信念的能力。

现在你知道了各种依恋类型是如何变化的，以及它们为何分布在一定区间内，接下来你就可以在不同生活境遇中慢慢发现自己的主要依恋类型。想想你在各种人际关系中的行为和感受，包括亲密的恋人关系、柏拉图式的朋友关系和亲近的家庭关系。检测一下你的思想和行为中激活策略与去激活策略的比率。要注意去激活策略是根据先前的信息和经验做出的决定；去激活策略会促使一个人自力更生，完全拒绝依恋需求，将他人推离自己身边。如果拥有的激活策略相对较多，说明你可能更害怕遭到抛弃，会偏向依恋区间中焦虑的一边。如果拥有的去激活策略更多，可能表明你的潜意识信念更侧重完全独立自主，因此在依恋量表中会偏向疏离 - 回避型一端。

要记住，如果要在恋人关系中使用这一方法，一定要在蜜月期（即恋爱开始的头两年）结束后使用。根据科普杂志《科学美国人》（*Scientific American*）的说法，在蜜月期，你的大脑尾状核和腹侧被盖区的多巴胺水平较高。大脑的这些区域分别负责学习、记忆以及情绪处理。因此，在恋爱的早期阶段，由于自身的情绪、记忆和激素调节水平等均无规律可循，你的依恋类型也许并不明晰。

许多经历也会极大地改变我们的依恋类型。例如，如果苏菲参与某些形式的治疗和练习，如反复冥想，她也许就能更加了解和重新平衡自己的潜意识信念。根据《科学日报》（*Science Daily*）的报道，冥想会催发 θ 脑电波并激活与情绪调节相关的额叶区域，因此苏菲最终可以在没有安全型依恋的伴侣帮助的情况下将自己带入一个更安全的依恋空间。

然而，尽管在不同的人生境遇中会表现出不同的依恋类型这一看法已非常普遍，但你在不同人际关系中表现出的依恋类型归根结底还是与这一关系的类型有关。例如，因为儿时备受父母的情感忽视，所以你在家庭关系中成为疏离－回避型依恋的人，但你也可能因遭受过伴侣的家暴在爱情中成为恐惧－回避型依恋的人。这说明背叛、失去或虐待等重大事件可以改变我们在人生不同阶段的依恋类型。依恋类型是不断变化的，它的改变往往取决于我们所处的关系类型。

我们往往会有一种主要的依恋类型，该类型多半与我们在恋人关系中的表现最具相关性。这种依恋类型在我们的人格结构中发挥着重要作用，它基本上决定了我们“给予和接受”爱的方式以及潜意识里对他人的期望。

既然你已经了解了依恋类型是什么，它们是如何形成的，以及它们在何种方式下被塑造和改变，接下来请你参与并完成下面的测试。通过这些测试，你将了解自己的主要依恋类型，以及自己最终如何实现向安全型依恋的转变。

依恋类型 60 题测试

测试说明：本测试旨在确定你的依恋类型。在下面各项陈述中，圈出最符合你特征的答案。参考测试后的解析确定自己所属的主要依恋类型及其他依恋倾向。

1. 我可以以非常感性的一面示人，但短时间内不会跟别人分享我内心的脆弱。
2. 我可以非常好地照顾自己及伴侣。
3. 我经常崇拜我的伴侣。
4. 在伴侣身边，我很容易感到恼怒或不耐烦。
5. 与伴侣相处时很自在，喜欢另一半的

陪伴。

6. 我渴望在恋人关系中与伴侣深入交流。
7. 当我需要时间和空间独处时，非常讨厌别人打扰。
8. 我不喜欢长时间独处。
9. 我不会贸然决定结束一段感情。
10. 我经常无法感知自身的情绪变化。
11. 我能很好地适应伴侣的需求，并注意到其行为上的任何变化。
12. 我可以很轻松地表达自己的情绪。
13. 我始终想与伴侣在情感上越来越亲密。
14. 当我感到沮丧时，我知道如何有效地处理自己的情绪。
15. 我很容易注意到人们的微表情、肢体语言和语调变化。
16. 我担心我的伴侣不再爱我或最终厌倦我。
17. 我善于妥协和沟通。
18. 我在人际关系中非常感性。

19. 我非常讨厌在他人面前暴露弱点。
20. 如果我发现伴侣表现出任何冷漠的迹象，就会恐慌并想要尽快与其愈加亲近。
21. 我不会轻易记仇，也不会一直怨恨别人。
22. 当我感到受伤、无力或遭受背叛时，我经常强烈地表达自己的愤怒。
23. 我觉得自己和伴侣之间没必要设置边界。
24. 我觉得冲突是可以解决的，而且我通常都能有效解决问题。
25. 在一段恋情中，我经常会经历内心的情绪波动。
26. 面对我不太了解的人，我有时会很冷淡。
27. 我经常对自己的伴侣或所爱之人表现出极度热情或极度冷漠。
28. 我知道自己值得拥有一段健康、快乐的关系。
29. 我通常希望伴侣能照顾好自己的情绪和需求，不要太黏我。

30. 当我倍感受伤时，经常想马上结束这段关系。
31. 我觉得好像不需要伴侣给我任何东西。
32. 我善于倾听他人的需求，并善于表达自己的需求。
33. 我经常担心伴侣会拒绝我或疏远我。
34. 我不喜欢与他人断绝关系。
35. 如果伴侣的行为伤害了我，我会表达自己的感受并尽量了解他们为什么伤害我。
36. 人际关系常常令我困惑，也让我备受情绪困扰。
37. 我不喜欢提前跟他人制订社交计划。
38. 有时我觉得自己好像一直在追求伴侣的爱和关心。
39. 我发现自己在恋人关系中很难信任伴侣，而且经常多疑。
40. 我发现设定边界对我来说是一件很自然的事情。

41. 我多次威胁要结束这段关系，但随后又改变了我自己的想法。
42. 我经常避免与别人发生冲突，也会因别人的批评受伤不已。
43. 我不害怕承诺，但若事先对喜欢的人不够了解，我不会贸然开启恋人关系。
44. 我害怕如果对伴侣的要求太多，伴侣会离开我。
45. 我关注生活中的人际关系多于关注我自己。
46. 我很容易动情。但当我与伴侣越来越亲近时，又觉得自己一直对他心存怀疑或质疑。
47. 有时一想到要对一段恋人关系负责，我就会感觉害怕和不安。
48. 我非常看重个人空间、隐私和个人物品，总想保护它们不被侵犯。
49. 我在恋人关系中情绪稳定。
50. 我通常非常极端，有时非常需要情感沟通，有时又需要绝对的个人时间和空间。

51. 我发现自己很容易对别人敞开心扉，有时甚至会与他人过度分享自己的事情。
52. 我不会轻易向他人表达自己的情感。
53. 我通常不会过度分享，但也不害怕与伴侣分享我的感受。
54. 当伴侣要求太多的身体爱抚时，我通常会感觉遭到了侵犯。
55. 我渴望亲密，但常常害怕在伴侣面前变得脆弱。
56. 我发现独自处理个人情绪要比和他人一起处理容易得多。
57. 空闲时间我更喜欢和伴侣待在一起。
58. 我觉得自己可以很轻松地向伴侣表达我的需求。
59. 我发现发生冲突后，我的伴侣比我更容易平复情绪。
60. 我非常害怕被伴侣抛弃。

解 析

在上面的各项陈述中，圈出的得一分，未圈出的则不得分，请根据下表汇总你的得分。记住，每个人所属的依恋类型不止一个。这个汇总结果得出的只是你的主要依恋类型及其他可能存在的依恋倾向。

恐惧-回避型依恋(FA)	陈述	1	6	11	15	18	22	25	27	30	36	39	41	46	50	55	总计
	得分																
疏离-回避型依恋(DA)	陈述	4	7	10	19	26	29	31	37	42	47	48	52	54	56	59	总计
	得分																
安全型依恋(S)	陈述	2	5	9	14	17	21	24	28	32	35	40	43	49	53	58	总计
	得分																
焦虑型依恋(A)	陈述	3	8	12	13	16	20	23	33	34	38	44	45	51	57	60	总计
	得分																

上述测试得出结果后，建议你仔细回顾一下第 1 章最开始解释过的核心创伤及依恋类型。后面会设置第二项测试，帮你确定你的朋友、伴侣或所爱之人的依恋类型。你可以结合两个测试所得的结果阅读本书第二部分内容，这样就会明白不同的依恋类型之间其实存在有规可循的互动模式。

对自身的依恋类型以及所爱之人的依恋类型之间的相互影响有了更深入的了解之后，你便能与其进行更加高效的交流。此外，你还能搞清楚自己在人际关系中的敏感之处是什么，可能触发你所爱之人敏感神经的因素又是什么。接下来的内容会为你提供一些方法与策略，让你能够打破相互冲突的依恋动态中可能存在的多种局限。

务必牢记，你的依恋类型测试结果并不是一种诊断结果。这些结果均源自你的人生经历，不过是你历时多年形成的一套模式。你可以通过主观努力对这些模式加以改变，也可以让它们随着新的人生经历发生改变。通过了解这些与人相处的模式之后，你就更有可能游刃有余地应对自己的人际关系。

解读朋友、伴侣以及所爱之人发出的依恋信号

通过下列测试得出结果后，你可以回看前面提到的核心创伤和需求等内容，这样才能更加了解你爱的人。但这并不是对你所爱之人的诊断方式，只是给你提供一种思维方式，让你以对方的视角描摹生活的模样。

这样做有助于防止各位像以往那样对所爱之人的行为举止进行个性化解读，也有助于你以对方更容易接受的沟通方式与其交流，帮你更有效地化解冲突，寻得解决方案。你应对各种人际关系时注入的智慧越多，就越容易建立健康的相处模式，越能轻松应对人际关系。

想想看，在朋友、伴侣以及所爱之人中，你想了解谁的依恋类型。回答下列问题时脑海中要想着这个人，选出最符合其特征的选项。

1. 被要求提前做出承诺时，这个人会：

a. 尽可能避免提前做出承诺

b. 会提前做出承诺，但之后经常会取消或改变这些承诺

c. 抓住机会着力履行承诺

d. 查看自己的日程安排，如果有时间，便积极履行承诺

2. 发生冲突时，这个人会：

a. 尽量避免冲突并回避

b. 善于表达自己的感受和需求，善于倾听他人

c. 情绪会变得不稳定，有时会生气

d. 可能会情绪化并拼命地修复关系

3. 在这个人表现得比平时更脆弱的第二天，他会：

a. 每次都会消失几天

b. 感觉和你更加亲近，但没有期待

c. 变得黏人或有期待

d. 会稍微回避，但很快又会回到你身边

4. 相爱期间发生争吵或产生分歧后，这个人会：

a. 感到非常内疚、焦虑，并尽力以最快的速度营造亲密感

b. 轻易离开

c. 表达理解和原谅

d. 有时会试图接近，有时又会明显疏远

5. 当你表达脆弱感或深层情感时，这个人：

a. 能继续陪伴你，倾听你的诉说

b. 会一直陪着你，把你的问题当成他自己的问题，但之后又会经常疏远

c. 会尽可能在你脆弱的时候陪伴你

d. 有时表现很冷淡，会给你营造私人空间

6. 当你在社交场合，周围有其他人时，这个人会：

a. 黏着你，待在你身边

b. 一会儿跟你非常亲近，一会儿又突然消失

c. 尽量自己待着，给你营造私人空间

d. 使你感觉舒适、放松

7. 在表达爱或情感方面，这个人会：

a. 经常表达，表达得轻松自然

b. 表达爱和情感时很迟疑，也很保守

c. 会毫不吝惜地表达爱，但也会表达很多负面情绪

d. 表达方式坚定而执着

8. 表达个人需求的时候，这个人会：

a. 冷静且从容

b. 虽然一直在表达情绪，但很少表达需求

c. 虽然不会表达情绪，但在被激怒时很容易表达需求

d. 有时候会莫名其妙地表达需求，令人摸不着头脑

9. 当这个人面临个人挑战时，他会：

a. 向他人寻求安慰，避免独处

b. 想要彻底从这个世界隐退

c. 在强烈表达情绪和彻底隐退之间摇摆

d. 花时间独自处理自己的想法，但也很容易依赖别人

10. 这个人讨论到婚姻或孩子问题时，他会：

a. 表达乐观心态与热情

b. 转移话题或回避谈话

c. 表达重要性和紧迫性

d. 经常对承诺或信任等品质做出负面评价

11. 这个人是否害怕遭到拒绝或抛弃：

a. 一直都怕

b. 冲突后会害怕

c. 很少害怕

d. 如果他真的感到害怕，会分享自己的心情，并且努力克服

12. 当这个人被冒犯时，他会：

a. 变得消极反抗

b. 猛烈抨击

c. 变得悲伤、忧虑

d. 表达自己的感受和需求

13. 如果这个人的伴侣被另一个人搭讪，这个人可能会：

a. 非常生气，然后走开

b. 只是走开并回避

c. 表达底线和需求

d. 变得非常焦虑，且尽可能靠近自己的伴侣

14. 如果我需要这个人的帮助，他可能会：

a. 经常伸出援手，甚至到了自我牺牲的地步

b. 经常伸出援手，却因此怨恨我

c. 会退缩，害怕被依赖

d. 非常支持我，但是要在其底线之内

15. 如果我想离开或变得冷漠，这个人会：

a. 也从我的世界消失

b. 非常担心，并试图立即拉近与我的距离

c. 怀疑地质询我

d. 会试着理解我，并说出我的做法对他产生了怎样的影响

16. 当我与这个人分开一段时间，再次看到他时，他会：

a. 开始时表现得有些冷淡、疏离

b. 立刻表达热情，有时甚至会过度热情

c. 有时很热情，有时又很冷淡

d. 看见我时感觉非常自在、热情和兴奋

17. 这个人让我感觉：

a. 他愿意见到我、倾听我、理解我

b. 需要时不时切断与他的联系

c. 有时候搞不懂他，因为他总在热情和冷淡之间摇摆

d. 崇拜、喜欢，但有时又令人窒息

18. 如果发觉我在这段关系中没有真心投入，那么我的伴侣或朋友可能会：

a. 原谅我，但还会出现在我身边，并且有自己的底线

b. 努力解决所有问题，寻求令人安心之法

c. 恶语相向，随后又对其行为深感愧疚

d. 远远走开，有时甚至一连数天都不出现

解析

1.	a=DA	b=FA	c=A	d=S
2.	a=DA	b=S	c=FA	d=A
3.	a=DA	b=S	c=A	d=FA
4.	a=A	b=DA	c=S	d=FA
5.	a=S	b=FA	c=A	d=DA
6.	a=A	b=FA	c=DA	d=S
7.	a=A	b=DA	c=FA	d=S
8.	a=S	b=A	c=DA	d=FA
9.	a=A	b=DA	c=FA	d=S
10.	a=S	b=DA	c=A	d=FA
11.	a=A	b=FA	c=DA	d=S
12.	a=DA	b=FA	c=A	d=S
13.	a=FA	b=DA	c=S	d=A
14.	a=A	b=FA	c=DA	d=S
15.	a=DA	b=A	c=FA	d=S
16.	a=DA	b=A	c=FA	d=S
17.	a=S	b=DA	c=FA	d=A
18.	a=S	b=A	c=FA	d=DA

1. 恐惧-回避型依恋（FA）：________________
2. 疏离-回避型依恋（DA）：________________
3. 安全型依恋（S）：________________
4. 焦虑型依恋（A）：________________

依照上面的答案，统计每种类型在回答中出现的次数，出现概率最大的那种类型即你所想着的这个人的主要依恋类型。

首先确定身边人的主要依恋类型，然后参考下一部分内容，进一步了解不同依恋类型与你在他身上发现的各种依恋类型之间的相互影响，以求最大限度地支持和丰富这段关系。

ATTACHMENT THEORY

第二部分

四种依恋类型的相处指南

随着潜意识处理的信息不断增多，
核心信念会被改写，
依恋类型也会随之改变。

既然我们已经对四种主要依恋类型的特点和行为表现有了详细了解，接下来就可以探究这四种依恋类型是如何互相关联的。请牢记一点：依恋类型存在于一定区间内。大多数人都有一个主要的依恋类型，但也可能在不同程度上拥有其他依恋类型的特征或表现。学会掌控自身的依恋类型，有助于你了解自己在一段人际关系中的优势和劣势。后文会对这几种依恋类型的每一种组合的契合之处与相悖之处加以讨论，还会对影响每一种组合的积极因素和消极因素进行讨论。

这一部分内容可以作为两个人或“同伴”在不同的依恋类型组合中相处的基本指南。这里的同伴既可以指恋人关系中的两个人，也可以指朋友关系或家庭关系中的双方。

根据本书第一部分，我们可以知道不同依恋类型的人通常会使用不同的规则来应对人际关系。每个人对人际关系理想状态的不同需求、要求以及期待都可能会给双方相处造成很多困难。

若你了解自己在人际关系中的依恋类型和思维方式，你就能有效处理和夯实与他人的关系，从而建立一种健康且强大的人际关系。若你了解并使用本书所提供的方法，就能最大程度地打破自己与人相处时存在的种种局限，实现更深层次的交往。了解是改变的第一步，在后面的内容中你将学会如何修复自己和同伴身上的不足，从而收获更满意、更亲密的关系。

第 3 章

安全型：
亲密关系的稳固基石

安全型 × 安全型：
开放沟通，相互支持

如果生活是完美的，那么所有的人际关系都会包含两个安全型依恋的人。两个安全型依恋的同伴在互相表达情感和需求时通常都很轻松自在。正如本书第 1 章所述，安全型依恋的人儿时的照料者总能满足他们的需求，因此，这一类型的人习惯性地认为自己的需求值得被满足，关于这种情感的表达也是健康的。

如果一段关系是开放真诚、相互平等的，双方都会感觉自己是独立的，必要时也愿意“互相迁就”。需要帮助时，安全型依恋的人会向同伴求助，也能感受到对方的支持。双方还具有一种能力，那就是能够非常聪明地妥协与示弱。比如，一方可能会说："我知道你今天压力很大、不堪重负，但如果可能，我特别希望你能多陪陪我。"这样的认可对情绪低落的一方无疑是一种抚慰。

冲突是人际交往中不可避免的部分。通过冲突，我们能够打破无形之墙，也能打破一段关系中能够感知到的失衡状态。当冲突得到有效解决时，通常会使两人之间生出更深厚的情谊。两个安全型依恋的人之间也有可能发生冲突，但他们彼此在表达感受和需求时内心多半是有安全感的。因此，发生冲突时，他们能够更有效率地沟通，同时保持相互尊重、彼此信任。这种争论其实无所谓对错，但有效的沟通却让他们勇敢示弱。

一个人在安全型依恋的动态关系中经历的低落时刻，明显少于和不安全型依恋的人交往的低落体验。

安全型 × 疏离－回避型：
尊重独立，温柔表达

安全型依恋的人通常都能与疏离－回避型依恋的同伴非常愉快地相处。但前者有时会觉得后者非常神秘或者令人捉摸不透。这是因为疏离－回避型依恋的人十分独立，而安全型依恋的同伴也许希望两人相处得更亲近，想得到更多承诺。

安全型依恋的人会直截了当地表达自己的想法，素来不带有任何批评之意，所以疏离－回避型依恋的同伴也不会觉得自己的同伴太过黏人，要求太多。这种关系的同伴通常能够搭建一个沟通平台，让双方越相处越安全。

两种类型的契合之处是：因为疏离－回避型依恋的同伴通常不会要求太多承诺，害怕过多情感纠缠，所以安全型依恋的同伴常会觉得十分庆幸。他们十分珍视疏

离 - 回避型依恋的同伴，会以这类同伴成长过程中未曾体验过的方式照顾他们。

两种类型的相悖之处是：疏离 - 回避型依恋的同伴难以做出承诺，对此安全型依恋的同伴会变得不耐烦，可能也会觉得交流过程中对方在拖延、敷衍。疏离 - 回避型依恋的人无法轻易敞开心扉、坦诚分享，这一事实会让安全型依恋的同伴十分受挫。这也会使安全型依恋的同伴想要从这段关系中抽身离开，因为他们在这段关系中得到的远不及他们想要的。

安全型 × 恐惧－回避型：建立信任，逐步开放

安全型依恋的人和恐惧－回避型依恋的人之间的动态依恋关系比两个安全型依恋的人之间的关系更具挑战性。

在关系建立初期，恐惧－回避型依恋的人常会陪伴在同伴身边，十分体贴。他们会察言观色，主动了解自己的同伴想要什么。恐惧－回避型依恋的人通常会揣测同伴的期待，然后依照自己的揣测做出改变，觉得这样就会得到对方接纳，并得到对方的爱。如本书第 1 章讲到的，恐惧－回避型依恋的人儿时的家庭环境多半给他们造成过巨大痛苦。为了适应那种环境，恐惧－回避型依恋的人养成了敏锐的观察力，对别人的言行举止尤其会保持高度警觉。他们可以本能而迅速地觉察到别人的微表情、肢体语言以及语调变化。恐惧－回避型依恋的人建立这种高度警觉的反应机制，只为规避潜在冲突。

两种类型的契合之处是：安全型依恋的人和恐惧-回避型依恋的人都能很好地互相留意、倾听、理解对方。他们都需要深入交流，需要分享彼此的恐惧、担忧和秘密。

在安全型依恋的人看来，两种类型的相悖之处是：一旦恐惧-回避型依恋的人心生更强烈的情感，他们就想把同伴推离身边。恐惧-回避型依恋的人认为这段关系太过理想、不够真实，不相信两人的关系能如此稳固和安全。

在朋友关系或家庭关系中，这样的相处模式同样存在。但在这些关系中，恐惧-回避型依恋的人感情上通常不会那样反复无常、脆弱不堪，对于无能为力感的恐惧还没有那么强烈。因此，在非爱情关系的其他人际关系中，恐惧-回避型依恋的人不会有过山车般跌宕起伏的情感体验。

安全型 × 焦虑型：
稳稳支持，减少焦虑

尽管安全型依恋的人和焦虑型依恋的人相处会面临挑战，但只要最初的痛点得以修复，两人通常还是可以融洽相处的。

焦虑型依恋的人最初相处时可能没有安全感，会表现得十分黏人。他们会把自己的身段放低，将同伴置于更高地位。他们可以从安全型依恋的同伴那里获得自己渴望的积极回应与认可。随着时间的推移，焦虑型依恋的人情感逐渐稳定，实现重塑，于是他们身上的许多消极依恋类型会转变为稳定、踏实的情感体验，他们需要安全型依恋的同伴给予的关注和支持也会越来越少。

在安全型依恋的人看来，两种类型的契合之处是：他们能感觉到来自焦虑型依恋的同伴的喜爱和崇拜，因为自己的需求得到了满足，两人还一起度过了许多时光。随着时间的推移，两人的关系也变得持久而稳固，因为双方都知道自己能从对方那里得到什么。

在安全型依恋的人看来，两种类型的相悖之处是：一旦焦虑型依恋的人表现得绝望而没有安全感，他们的行为就会加剧自身的恐惧感，对同伴也会吹毛求疵，充满控制欲。这时，安全型依恋的同伴也许会感觉自己需要退后一步，重获私人空间以保持自我独立。

第 4 章

疏离 - 回避型：平衡独立背后的距离感

疏离 - 回避型 × 安全型：学习表达，接受安全感

疏离 - 回避型依恋的人往往在一开始对做出承诺表现得颇为忧惧，其安全型依恋的同伴则往往能很好地消化这类情绪。安全型依恋的人可以给予疏离 - 回避型依恋的同伴一直渴望的安全感、确定感以及稳定感。这样的安全感也会得到那位漠然冷淡的同伴的回应。

疏离 - 回避型依恋的人通常害怕感受过多情感，当同伴主动与他们亲近时，他们往往会断然拒绝。而安全型依恋的同伴则会和他们直接交流，给予鼓励，尊重他

们对私人空间和自主性的需求。

在疏离 - 回避型依恋的人看来，两种类型的契合之处是：他们会慢慢相信自己可以信任安全型依恋的同伴，对他们敞开心扉，在他们的激发下展现最好的自己；安全型依恋的同伴还能悉心照护他们，让他们获得儿时从未有过的体验。

在疏离 - 回避型依恋的人看来，两种类型的相悖之处是：他们潜意识中总是纠结于“与周围的人相处没有安全感，总会露怯”这样的想法。他们也许无法敞开心扉与同伴坦诚分享感受，因此无法全身心投入一段正式的关系。

疏离 - 回避型 × 疏离 - 回避型：
各自独立，慢慢亲近

在这段关系中，双方在情感上会疏离对方。他们会寻求自我独立，只关注自身。这种依恋关系持续时间可能很短暂，因为双方均不会给予对方情感陪伴。

因为双方依恋类型相同，且都十分内向含蓄，彼此通常与对方保持疏离状态，所以两个同为疏离—回避型的人要进行情感交流并非易事，也很难建立亲密关系。这段关系可能很难发展为正式的关系，因为双方均为高度独立的性格，且均不愿意在对方面前轻易暴露自己的弱点。

两种类型的契合之处是：疏离 - 回避型依恋的人不必担心他们的同伴太过黏人，要求太多。双方都依靠自己，不会因为这段关系中的情感承诺而倍感压力。两人之间的冲突和情感投入也比较少。

两种类型的相悖之处是：疏离－回避型依恋的人可能很难做出承诺或建立深层联系。因为缺乏分享，在投入更多情感之前，他们可能会一走了之。

在其他关系中，疏离－回避型依恋的人与朋友亲近的可能性更小，他们对家人的情感投入较少，也不太可能与他人发生冲突。

疏离 - 回避型 × 恐惧 - 回避型：慢慢靠近，减少防备

因为双方有许多相似之处，处事方式也相似，所以这两种依恋类型的人在某些方面相处十分融洽。恐惧 - 回避型依恋的人待人温暖热情，对于别人所思所想高度敏感，心甘情愿地取悦疏离 - 回避型依恋的人。

恐惧 - 回避型依恋的人通常富有爱心、甘于奉献，这会唤起疏离 - 回避型依恋同伴的相处热情。然而，后者可能依旧保持疏离，不愿与前者过分亲近。

尽管这两种依恋类型的人的安全感均来自两人各自的私人空间，但恐惧 - 回避型依恋一方的焦虑感，却往往是由疏离 - 回避型依恋的同伴引起的，因此前者会越来越焦虑，对同伴也会更加依赖。

若让出私人空间陪伴在同伴身边，疏离 - 回避型依

恋的一方自然没有什么可以被指责的；可他一旦抽身离开，对方也许会因为感觉遭到了忽视与冷落而自我封闭。

在这段动态关系中，对于疏离 - 回避型依恋的人来说，两种类型的契合之处是：他们深感自己得到恐惧 - 回避型依恋同伴的关注、倾听、理解和珍视，而他们同样也尊重对方对私人空间的需求。

在这段动态关系中，对于疏离 - 回避型依恋的人来说，两种类型的相悖之处是：恐惧 - 回避型依恋的同伴有时会变得情绪反复无常，或者爱吹毛求疵，这会触发他们儿时缺乏安全感造成的核心创伤，让他们以为遭人抛弃的悲剧会再次上演。

疏离－回避型 × 焦虑型：
明确界限，理解不同

若没有适当的相处方式，这段动态关系可能会充满挑战。疏离－回避型依恋的人想找一个懂得尊重他们独立自主需求的焦虑型依恋的同伴十分困难，因为后者会费尽心思创造机会与同伴进行亲密的情感交流，这可能会吓跑疏离－回避型依恋的人。

因为儿时未能得到照料者始终如一的陪伴，焦虑型依恋的人内心总是充满焦虑。因此，这一类型的同伴会因为害怕遭到拒绝而在一段关系中过度讨好对方。他们会一直对疏离－回避型依恋的同伴付出，甚至牺牲自己的需求；而一旦同伴没有采取同样的做法，他们就会感到失望、困惑。当同伴要转身离去时，他们又会感到极度焦虑，两人的关系也会陷入痛苦与不安。

在这段关系中，对于疏离－回避型依恋的人来说，两种类型的契合之处是：他们能感受到来自同伴的崇拜与支持。焦虑型依恋的同伴对他们似乎怀有无穷无尽的爱，这让他们安全感满满。

对于疏离 - 回避型依恋的人来说，两种类型的相悖之处是：他们得面对同伴那过山车般跌宕起伏的情绪波动。焦虑型依恋同伴的过分依赖通常会让他们觉得隐私被侵犯、感到束缚或慌乱不安。于是他们会选择远离，这会让焦虑型依恋的同伴采取更多的激活策略。在这段关系当中，若双方无法采取适当的沟通策略，通常就会导致“一方紧逼，一方躲闪”的恶性循环。

第 5 章

焦虑型：穿越渴望与恐惧的迷雾

焦虑型 × 恐惧 – 回避型：给予支持，处理情绪波动

焦虑型依恋的人起初可能会觉得与恐惧 – 回避型依恋的人相处很舒服。双方都能互相迁就、顺畅沟通，此时两人的关系如烟花般绚烂美好。与恐惧 – 回避型依恋的同伴初次交往时，焦虑型依恋的人通常会觉得自己找到了知己，因此在这段关系开启之初，双方均能轻松开启深层联系。

然而，当恐惧 – 回避型依恋的人内心脆弱不堪时，情绪就会受到触动，这种状况会引发意想不到的变化。

随着这种感觉越来越强烈，这种依恋类型的人会不断退缩，其焦虑型依恋的同伴也会因此痛苦不堪，因为对方的做法让他们想起自己儿时父母的种种做法带来的痛苦体验，让他们再次觉得自己没有价值，不值得被爱。

对于焦虑型依恋的人而言，两种类型的契合之处是：双方存在很强的情感羁绊。焦虑型依恋的人能感受到恐惧 - 回避型依恋的同伴常伴身边、富有激情，以及对自己怀有深深的迷恋。

对于焦虑型依恋的人而言，两种类型的相悖之处是：当恐惧 - 回避型依恋的同伴转身离去时，他们会因此陷入强烈的焦虑情绪。因为恐惧 - 回避型依恋的人会给这段关系带来大喜大悲的极端情感体验，焦虑型依恋的人可能会因此感到不堪重负、遭人厌弃。

焦虑型 × 焦虑型：
真实表达，共同成长

无论在何种类型的人际关系中，若关系双方均属焦虑型依恋，最终两人都会产生更多的焦虑情绪。尽管依恋类型相同的两人相处时理应更具满足感，但其实两个焦虑型依恋的人共处时通常只会延续各自潜意识信念中原有的负面情绪。在这段关系中，双方的契合之处是：两个焦虑型依恋的个体都因渴求亲近才与对方建立起情感联系。这种渴求通常也会造成双方同时做出自我牺牲的局面。

但两种类型可能原本就是相悖的，除非双方共同制定健康的沟通策略。同属焦虑型依恋的两人可能都会揣测对方珍视的事物，并不断给予对方这些事物，这最终会成为这段关系产生深刻怨恨情绪的导火索。当双方都对表达自身的真实需求倍感不适时，这种互相怨恨的情况便尤为多发，而这些不快又会滋生无望的期待和无效的沟通。

焦虑型 × 安全型：享受稳定，放下不安

在所有人际关系中，焦虑型依恋的人往往倾向于自我否定，这是因为他们有害怕遭到抛弃的核心创伤。因为他们童年时期遭受过反复无常的对待（父母时而照顾关爱，时而不闻不问），所以总会下意识地害怕同伴会抛弃自己。这便导致焦虑型依恋的人内心会产生强烈的卑微感、孤独感和焦虑感。

他们与安全型依恋的同伴之间的动态关系通常非常积极、健康，因为这段关系必然会带动他们的潜意识产生更多积极的观念。但遗憾的是，焦虑型依恋的人通常不会选择安全型依恋的人作为同伴，这是因为他们的潜意识对安全型依恋的人所知甚少。要知道人类的潜意识总是会试图重现它“熟悉”的事物。

然而，安全型依恋的同伴通常始终如一、沉稳可

靠、乐于交流，他们给焦虑型依恋的人带来了渴望已久的情感联系。然而，这并不能阻止焦虑型依恋的人因为害怕遭到抛弃而做出过度补偿和取悦他人的行为。若想改变这一现状，这一依恋类型的人必须自行修复核心创伤。然而，有了安全型依恋同伴的陪伴，焦虑型依恋的人就能拥有更多机会来修复核心创伤。而与此同时，他们依然能感受到来自安全型依恋同伴的共鸣与认可。

对于焦虑型依恋的人而言，两种类型的契合之处有很多，其中一点便是安全型依恋的同伴愿意做出爱的承诺。同时，安全型依恋的同伴非常耐心、善解人意、令人安心。当他们相处的时间足够久时，焦虑型依恋的人便会适应这种健康的相处模式。

两种类型的相悖之处多半源自焦虑型依恋的一方持续的自我牺牲行为。这会导致双方相处时产生怨恨感，因为焦虑型依恋的一方会逐渐降低自我价值以取悦安全型依恋的同伴。因此，若想改变这一现状，焦虑型依恋的人就必须学会表达自身需求和底线。

焦虑型 × 疏离 - 回避型：
适度沟通，彼此理解

焦虑型依恋的人与疏离 - 回避型依恋的人之间的关系可能会非常棘手。后者因情感联系而不堪重负时会选择抽身而去；而对前者而言，同伴的远离会令其十分痛苦，更强化了他们原本就有的“自己注定遭人厌弃、注定卑微”的想法。

无论这段关系属于亲密的恋人关系、柏拉图式的朋友关系还是亲近的家庭关系，焦虑型依恋的人都会持续牺牲自我需求，以求能与疏离 - 回避型依恋的同伴变得更加亲近。这也会导致焦虑型依恋的人内心产生冲突，因为他们的潜意识一直受到暗示：一旦情感联系成为自己最渴望的东西，就一定要放弃它！

总之，为了抑制由同伴引起的不安全感，焦虑型依恋的人甚至不惜与对方展开“博弈”。他们有时会威胁疏离－回避型依恋的同伴说自己要结束这段关系，因为他们觉得与对方沟通太少，而且在这极少的沟通中对方表达的也都是脆弱情感。这将会导致两人之间的动态关系高度不健康，这种不健康的关系会一直持续到双方都认识到自身的核心创伤之时。

归根结底，疏离－回避型依恋的人需要一个能让他们总是感到安心的同伴。如果这一依恋类型的人想要与焦虑型依恋的人建立联系，他们会发现对方可以给予他们始终如一的关爱和认可，这种情况将是这段关系的最佳状态。

如前所述，焦虑型依恋的同伴可能会因为绝望而威胁对方要结束这段关系。这类操纵策略的运用说明这段关系正在恶化，因为这种方式会加剧这两种依恋类型的人对于自身的负面看法。

第 6 章

恐惧 – 回避型：稳住那颗摇摆不定的心

恐惧 – 回避型 × 疏离 – 回避型：逐步靠近，减少误解

恐惧 – 回避型依恋的人和疏离 – 回避型依恋的人相处可能会十分困难，因为前者所渴求的情感上的强烈满足感后者通常无法给予。

长此以往，恐惧 – 回避型依恋的人就会觉得屡遭拒绝、想要逃离，两人之间的关系也会愈加疏远。除此之外，疏离 – 回避型依恋的人可能会因恐惧 – 回避型依恋的同伴形影不离而疲惫不堪，两人都会因此倍感懊丧，这段关系也会出现情感混乱。

然而，疏离－回避型依恋的人可能不会对恐惧－回避型依恋的同伴过度吐露情感，而恐惧－回避型依恋的人恰好不喜欢别人对他们倾诉太多。从某种意义上说，这使得双方关系渐趋稳定，这种稳定性于恐惧－回避型依恋的人而言是不寻常的。于是两种依恋类型在这段关系中找到了契合点——恐惧－回避型依恋的人原来的“不安全感”消失了。

然而，两种依恋类型的相悖之处是：长远来看，缺乏情感沟通会导致这段关系难以为继。

恐惧 - 回避型 × 恐惧 - 回避型：彼此支持，平衡热情

两个恐惧 - 回避型依恋的人在相处过程中，既会迸发巨大热情，也会存在巨大混乱。双方均有很强的情感能量。在这段关系开启之初，两人通常亲密无间，由此营造出令双方迷恋的愉快氛围。但是，他们也经常将许多情感负担带入关系中，自己很容易被这些负担裹挟。

这种依恋关系的契合之处是：当他们感到脆弱不堪、需要安慰之时，同伴可以给予强烈、牢固的情感联系。他们时常亲密分享，联系紧密，彼此之间经常怀有极度痴迷的情感。然而，当一方离开时，另一方会感觉绝望悲观。若没有适当的相处机制，这段关系将难以为继。本书将会在之后的章节中详细介绍如何修复恐惧 - 回避型依恋的人的核心创伤，从而使其成为满怀深情的绝佳同伴。

恐惧 - 回避型 × 安全型：
相信同伴，袒露心扉

若恐惧 - 回避型依恋的人能在一段动态关系中敞开心扉，相信自己的同伴，那么这段关系会非常顺利。关系一开始，双方便能产生紧密联系，恐惧 - 回避型依恋的人也会对同伴产生深深的迷恋。

随着时间的推移，当恐惧 - 回避型依恋的人感到脆弱不堪时，也许会逐渐远离同伴。他们同样也会为了证明自己值得被爱而选择牺牲自我需求。时间久了，这种做法便会滋生内心怨恨，导致他们之后遇事就对安全型依恋的同伴大发雷霆。

安全型依恋的同伴通常不会对恐惧 - 回避型依恋的人的“抗议”行为做出妥协。最理想的状况是后者可以通过模仿前者开诚布公的特质，学会表达自己的感受和需求。这样他们就能学会信任别人，始终与他人保持紧密联系。

最糟糕的状况是恐惧 - 回避型依恋的人给安全型依恋的同伴裹乱添堵惹麻烦，令人不胜其烦。如此一来两人便有可能一拍两散，因为安全型依恋的人素来喜欢坚持底线。

恐惧 - 回避型 × 焦虑型：稳固信任，建立支持

如前文所述，当双方都不介意露怯时，恐惧 - 回避型依恋的人就会成为焦虑型依恋的人的理想同伴。因为前者潜意识里非常渴望与他人建立联系，与后者相处会让他们感觉自己的需求好像以一种理想的方式得到了满足。

然而，恐惧 - 回避型依恋的人有时会因受到焦虑型依恋的同伴影响而不堪重负。有时他们会感到压抑难受，内心敏感多疑。这会导致他们变得咄咄逼人，触及焦虑型依恋同伴的核心创伤。

恐惧 - 回避型依恋的人对焦虑型依恋的同伴口出恶语之后通常会心生愧疚，转而又向同伴诚恳道歉并保证不会再犯。这会给双方带来过山车般跌宕起伏的情感

体验。

一般来说，在这段关系中，两人的相处会使恐惧 - 回避型依恋的人展现出更多回避性的一面。虽然其情感波动可能会减弱，但是他们对于远离和独处的需求也许会增强。

两种类型的契合之处是：双方具有强烈的情感联系，亲近无比。然而，两种类型可能也存在相悖之处：双方变化无常的态度、争执不下和沟通困难等问题在这段关系中也屡见不鲜。

总而言之，这段关系中的一方或双方都需要修复自身的核心创伤，这样才能收获一段更加健康、更加愉快的关系。只要他们能够解决这一问题，彼此之间便能建立美好的情感纽带。

ATTACHMENT THEORY

第三部分

加强人际关系的实用策略

构建潜意识的两大关键因素：

重复体验与强烈情感。

通过阅读本书第三部分内容，你会获得一系列策略和方法，这些策略和方法会帮助你发现人际关系中的问题诱因，解决人际关系中的矛盾冲突。你可以通过采用多种方法和认知原则来应对在不同依恋类型中遭遇的常见挑战。

在书中你将了解到关于冲突的不同看法，能够对导致冲突的潜在原因产生新的认识，对解决冲突的几个步骤有所了解。当你采取新方法解决与别人的冲突时，便可以将这几个步骤作为独自或依靠他人协助解决问题时缓解情绪的策略。建议你投入一些时间深入了解一下这些方法和认知原则，因为若运用得当，你便能改变人际关系中的恶性循环与依恋类型。

建议你拿出纸笔，将后文的案例中能引起你共鸣的阻碍因素一一记录下来。这是提升自我认知的绝佳机会。接下来，你可以根据书中介绍的方法总结出几个步骤，然后运用这些步骤来化解自己人际关系中常遭遇的具体冲突或挑战。这可以作为一份指南，帮助你打破旧有模式，让你对所爱之人更加满意、更加认同。

第 7 章

克服消极互动的 ACT 法

在本章中，我们将探讨克服“争论、误解、心怀怨恨”等不同形式的消极互动会带来哪些益处。ACT 法（接纳与承诺疗法）是处理伴侣、朋友、家人之间争论的方法之一。该疗法专注于正念策略，这一策略有助于我们将思维模式从保守型转为反思型。若实现了这一转变，我们就能更加明确自身感受，将精力放在寻求更加积极的解决方案上。

我们将会关注恋人关系中的两人如何解决争论。假设有个名叫阿莉娅的恐惧 - 回避型依恋的姑娘，和一个名叫林肯的焦虑型依恋的小伙子，这里就以他们的故事为例。阿莉娅在家庭以外花费了太多时间——要么工作，要么会友，如此种种，两人为此争吵不休。不久前，她甚至连两人的纪念日晚餐都迟到了。那么，阿莉娅和林肯应该如何克服他们之间的消极互动呢？

要想回答上述问题，必须先分析两人在该情境下有着怎样的潜在关联，由此分析出他们各自的需求是什么，然后制定有效的策略来满足这些需求。若对影响双方的根本因素没有深入了解，我们就无法找到有效且持久的解决方案。

步骤一：观察你自己的情绪

依照美国语境行为科学协会（Association for Contextual Behavioral Science）的定义，ACT 法是一种基于经验、关注正念的心理学干预方法。正念是一种关注当下的精神状态，让自己从目前的情感体验中抽身出来，摆脱心力消耗殆尽的感觉。想要全面、准确地观察自己，首先要关注自己身体的哪个部位会对情绪做出反应。例如：当你感到非常伤心时，可能会觉得胸口有阵阵绝望的压迫感，或者胃里感到阵阵空虚；当你感到愤怒时，可能会觉得双臂有阵阵灼烧感。

情绪导致的生理反应每个人不尽相同。卡内基梅隆大学曾进行过一项研究，借助功能性磁共振成像（fMRI）扫描仪，依据人们身体表现出的不同活动特征来追踪大脑的情绪反应。当一个人回忆起一段痛苦或创伤性的记忆时，其大脑的前额叶皮质和新大脑皮质会变得不再那么活跃，而“爬虫类脑”（reptilian brain）则会被激活。大脑的前半部分区域负责有意识的思考、空间推理以及更高级的功能（比如感官知觉）。大脑的后半部分区域负责做出“战斗－逃跑反应”这类非自主性反应。这意味着由自身情绪引起的身体反应让你有机会觉察这些情绪。情绪会让身体产生感觉，这种感觉又能反映你的所思所想。

布鲁斯·利普顿（Bruce Lipton）博士是一位研究

基因表达与环境因素两者间关系的发育生物学家。他发布了一项表观遗传学的相关研究，对情绪与身体反应问题做了解释。该研究显示：当一个人身体处于交感神经活跃状态时，其身体无法进行修复。这种交感神经系统活跃的状态俗称“战斗－逃跑反应”状态，是由某些情绪反应触发的。这一状态意味着我们正遭受情绪消耗，只有将思维方式转为反映自身情绪的模式，才能找到有效的解决办法。

让我们花些时间一起来测试下这个理论吧。请尽量关注自己产生了何种情绪，又是哪个身体部位感受到这种情绪，这会让你当下的内心变得安稳。通过关注自身的反应方式，你在那一刻可以切切实实让自己摆脱各种情绪带来的消耗。这种关注可以将你带回感官知觉状态，并且把你大脑中的反应传回大脑皮质和新大脑皮质。这一转变会助你重回更具逻辑性的状态——在这种状态之下，你的情绪不会支配你的身体反应。

不妨再看看阿莉娅和林肯在纪念日那天所起的争执。假设阿莉娅之所以会在那场纪念日晚餐之约迟到，是因为那晚她有一项非常重要的工作得赶在截止期限前完成。但对于林肯这个焦虑型依恋的人来说，阿莉娅的迟到触发了他害怕遭到抛弃的核心创伤。林肯感到十分焦虑，急切地想要知道阿莉娅的疏远是不是因为移情别恋，这种情绪导致他体内的肾上腺素排山倒海般释放出来。然而，阿莉娅却体会不到这种情绪，反而因为林肯的纠缠黏人和刻意回避感到不堪重负。对于恐惧－回避型依恋的人来说，过多的情感联系会让他们感到不安全。此时，阿莉娅和林肯都忘了两人对这件事的反应其实源于各自的依恋类型中始终存在的核心创伤。

然而，尽管林肯的爬虫类脑产生了强烈的反应，但他仍记得自己应该亲见并标记自身这些情绪。他会问自己：我的身体何处感受到自己的情绪反应了？他发现自己的双臂和双腿感受到愤怒与恐惧。通过亲见和标记这些情绪，他使自身大脑重新进入一种更加高效的状态，他的新大脑皮质和大脑皮质也重新活跃起来。亲见和标记个人情绪这类简单举动，使得林肯不再被动反应，而是进入主动反思的状态。这是运用 ACT 法要迈出的第一步。

尽管亲见自身情绪也许看似简单直接，但起初一些人会觉得十分困难。这是因为他们一直以来都把自身情绪视为一种自然发生、不受控制的反应而非可以获知的信息。亲见自身情绪这一举动不仅可以解决你与朋友及其他重要之人的争论，而且在你生活的各个方面和各个领域都很重要。若不亲见各种情绪的走势，你就会受其支配——而不是借此机会从情绪中学到什么，了解情绪尝试告诉你什么信息。

情绪甚至可以产生普遍的生理影响。加博·马特（Gabor Maté）博士是一名专门研究儿童发育和创伤的内科医生。在他的著作《饿鬼道》（*In the Realm of Hungry Ghosts*）中，他研究了愧疚情绪对生理机能的影响。马特博士称，愧疚是一种持续存在的情感，当一个人做了错事后，其思维会撤退到愧疚创造的潜意识“巢”中。愧疚情感不是对某件事的直接反应，而是一种在“后台运行”并引发生理反应的持续性想法。愧疚情感会加深潜意识信念中的消极想法，延续不健康的思维循环。

从生理学上看，这类情感会释放多种激素，这些激素会破坏免疫系统，引发沮丧情绪，加重心肌负担，最终缩短你的寿命。经科学证实，仅愧疚这一种情感就对人的生理有如此深刻的影响——这一事实说明了认识和标记情绪的重要性。

想想我们日常生活中所有情绪会带来怎样的影响吧——普通人每天的想法便高达 60 000 至 70 000 个之多！亲见自身情绪的变化不仅可以让你有效进入主动反思的思维模式，还可以显著提升你的生活质量。

步骤二：识别未被满足的需求

冲突很大程度上是由我们没有意识到的未被满足的需求造成的。

若你已经亲眼见证了自身情绪，就需要问问自己：为什么会产生这些情绪？这些情绪究竟在向你表达哪些未被满足的需求？阿莉娅和林肯都有一些未被满足的需求难以向自己和对方表达。

如何识别自己未被满足的需求呢？首先要仔细考虑自身的主要依恋类型。因为每种依恋类型都有潜在冲突和固有的潜意识信念，所以要仔细考虑你生活中有哪些空白未曾填补。这一做法适用于所有依恋类型，能够揭示一触即发的冲突的潜在触发因素是什么。只有识别出自身未被满足的需求，我们才能着手制定满足这些需求的策略。

恐惧 – 回避型依恋的人的需求

先来看恐惧 – 回避型依恋的阿莉娅有何未被满足的需求。前文提到，恐惧 – 回避型依恋的人在童年时期曾遭受过反复无常的对待，通常还伴有某种形式的虐待——可能是身体虐待、情感虐待或性虐待。通常来说，恐惧 – 回避型依恋的人会与照料者中的一方或双方建立某种情感联系，其照料者在这段痛苦关系中可能也是受害者，抑或是施害者。恐惧 – 回避型依恋的人会将情感联系与缺乏安全感关联在一起，因此会对在人前暴露弱点产生强烈的反感。然而，人类生来就渴望建立联系。对于恐惧 – 回避型依恋的人来说，这一本能让他们对带有安全感的情感联系心怀强烈的渴望。

在所有的人际关系当中，恐惧 – 回避型依恋的人的核心创伤都体现为两点：觉得自己将遭人背叛；心存强烈的恐惧感。他们潜意识里相信自己会被人利用，又觉得自己不配得到身边人的关爱。因此，恐惧 - 回避型依恋的人需要同伴既能为他们提供有安全感的联系，同时还要能尊重他们的底线。他们的同伴还必须随叫随到，以此证明恐惧 - 回避型依恋的人即便暴露弱点也不需要担心什么。

在这个例子当中，阿莉娅需要林肯尊重她的底线，同时让她可以安心追求自己的事业。这将开启两人之间的一系列交流，因为阿莉娅会感觉得到了林肯的支持，将来她也有可能更关注而不是刻意回避林肯的各种感受。

焦虑型依恋的人的需求

焦虑型依恋的人有着与恐惧 - 回避型依恋的人完全

不同的需求。焦虑型依恋的人总害怕遭到抛弃，因此需要持续不断的安慰。因为这种类型的人在儿时未能学会自我安慰，所以他们总是渴望情感抚慰。一旦感受到情感联系，他们就会采取过度补偿的做法来维持这种联系。他们的核心创伤集中体现为他们有“自己会被拒绝、没有人爱、遭人排挤”的想法。他们需要一个深情款款、踏实可靠、始终如一的同伴。

遗憾的是，焦虑型依恋的人往往没有察觉到自身的需求，因此他们的惯常做法常常会加剧恶化两性关系中的问题。对于林肯来说，他因阿莉娅的不时缺席而倍感沮丧，这样的情绪只会让阿莉娅逃离。因为林肯潜意识中害怕遭到抛弃，所以他需要一个可靠的同伴。若无法识别这一需求，他就无法向阿莉娅充分表达自己的需求，而会心怀怨恨、争吵不休。要想与阿莉娅充分沟通，林肯必须让她明白：他的需求与她的需求有所不同。林肯也需要知道：无论阿莉娅是需要忙工作还是和朋友聚会，她始终会对他不离不弃。

总而言之，他们两人争吵其实并非因为阿莉娅纪念日晚餐之约来迟了，而是因为以下两方面原因：一方面，阿莉娅感觉自己好像无法应对这段关系中的压力，因而脆弱不堪；另一方面，林肯感觉自己好像会遭到抛弃。在这种情况下，两人都有由自身依恋类型伴随的核心创伤造成的未被满足的需求。若不能识别这些需求，他们就无法与对方进行有效沟通，也就难以克服这段关系中的种种挑战。

疏离 – 回避型依恋的人的需求

尽管阿莉娅和林肯的例子未谈及疏离 – 回避型依恋，但其实疏离 – 回避型依恋的人也有他们自己的需求。疏离 – 回避型依恋的人在儿时曾遭受照料者对其从轻微到严重等不同程度的情感忽视。因此，他们的潜意识学会了保持自主且自给自足。疏离 – 回避型依恋的人的核心创伤集中体现为令他们“深感痛苦的脆弱感以及匮乏感”。因此，他们对于人际关系的需求包括与同伴直接交流，以及来自同伴的坚定支持。

需牢记的关键点

决定需求的因素并非只有依恋类型。人格需求是以最积极的联想而非消极联想构建的潜意识策略，可以满足六项人类基本需求。

根据托尼·罗宾斯（Tony Robbins）在其著作中谈到的“幸福的习惯”，这六项人类基本需求包括：

1. 人生的确定性。
2. 人生的不确定性。
3. 个体的重要性。
4. 爱与联系。
5. 成长。
6. 贡献。

以上六项人类基本需求是我们做选择的依据，对于我们获得成功和幸福也至关重要。

前四项人类基本需求也称作人性需求。它们定义了何为人类的成就感：

1. 人生的确定性是对安全感或操控感的需求。
2. 人生的不确定性是对挑战或刺激的需求。
3. 个体的重要性是对人生意义的需求。
4. 爱与联系是对依恋的需求。

剩下两项人类基本需求称作精神需求：

1. 成长是对智力或精神发展的需求。
2. 贡献是对无私奉献品格的需求。

上述需求同时也是自相矛盾的。越追求挑战，人生的确定性就越会减少；越重视探索人生的深层意义，与他人的亲密联系通常就越会减少。精神需求也是如此，一个人成长越多，做的贡献就越少。结合你的依恋类型所伴随的缺憾考量以上需求，你就会越来越了解自身最重要的需求和未被满足的需求。比如，作为焦虑型依恋的人，你也许把爱与联系这一人类基本需求看得比个体的重要性更重。将罗宾斯的理论与依恋理论相结合，人们就能逐渐识别自己潜意识中的需求是什么，以及哪些是未被满足的需求。

罗宾斯的观点与依恋理论两者的结合可以更进一步，用于阐明你的依恋类型所伴随缺憾如何唤起你对某些人类基本需求的共鸣，继而重构你的自我认知。比如，作为一个恐惧－回避型依恋的人，阿莉娅会对成长需求产生强烈共鸣，这是因为通过事业上的成长，她能获得一种价值感（无价值感是恐惧－回避型依恋的人的核心创伤之一）。之后阿莉娅便会逐渐认同自己是一个成功者。从本质上讲，因为阿莉娅在儿时曾经遭受过虐待，这种遭遇导致她在潜意识里觉得自己所做之事没有价值，所以她的未被满足的需求便是事业成功。作为一个成年人，阿莉娅需要在事业上取得成功，这是因为她父母曾经让她感觉自己没有价值，而成功恰恰能填补由父母造成的缺憾。接下来，要实现这种自我认同，就要引入第三需求。

第三需求是指可以填补儿时亲子关系造成的缺憾或核心创伤的日常做法。对于阿莉娅而言，这意味着她需要伴侣支持自己的事业，肯定自己的为人。她需要同伴采取这些做法，这样她才会觉得这段关系好像很健康。

总而言之，我们会发现每种做法都是让自身需求得到满足的潜意识策略，但是只有追溯这些未被满足的需求的来源并加以识别，我们才能满足这些需求。

为了识别这些未被满足的需求，请先了解你属于什么依恋类型。

- 首先问问自己：我有哪些核心创伤？答案多半是“我没有价值”“我不讨人喜

欢”“暴露弱点是不安全的”等。

- 接下来，再看看你的核心创伤会促动你朝着六项人类基本需求中的哪一项努力。若你感到自己不讨人喜欢，也许会更加重视爱与联系这一需求。若你像阿莉娅一样感觉自己没有价值，也许会更加重视个体的重要性这一需求。
- 然后再问问自己：这种需求让我产生怎样的身份认知？如果你潜意识里相信自己不讨人喜欢，但在许多人际关系中却总能得到爱，你也许会慢慢发现自己其实是一个“社交达人”。这是因为你正在尝试通过各种人际关系修复“感觉自己不讨人喜欢”这一核心创伤。

总而言之，上述做法会重塑你的自我认知。你的日常需求或来自伴侣的第三需求也会影响你对自己的认知，并最终修复你的核心潜意识创伤。

步骤三：制定策略满足彼此的需求

既然你已经知道如何观察自己的情绪，然后识别自己的需求，那么现在关键的问题来了：如何满足这些需求呢？

明确的沟通

若要进行充分且直接的沟通，首先要找出你真正的需求是什么，然后就这些需求与他人沟通。尽管这种方式看起来直截了当，但也许意味着对于不同的依恋类型的人需要采取的沟通方式也有所不同。比如，对于疏离－回避型依恋的人就需要明确的沟通。当他们需要自行体会言外之意时，会感到非常沮丧，想要抽身离开。在一段关系中，无论是朋友关系还是恋人关系，要实现明确沟通，首先应该问问你的同伴：沟通对他们来说意味着什么。同时也问问你自己：沟通对你来说意味着什么。

对阿莉娅而言，沟通可能意味着双方需要讨论，且在讨论的过程中对方应尊重她的底线。因为阿莉娅害怕暴露弱点，所以有一点很重要——林肯在讨论时应留有余地，若阿莉娅想中止讨论，休息片刻再继续，林肯也应予以尊重。

以下内容是从阿莉娅和林肯存在分歧到阿莉娅的需求得到满足的整个过程：

1. **阿莉娅因为赶工期不得已晚餐来迟了，林肯却不理解她，为此阿莉娅开始大声斥责林肯，此时她应该先反思自己身体的哪个部位感受到了愤怒。**

- 知道自己身体何处感受到情绪，她的思维活动会从爬虫类脑转移到大脑皮质。在皮质区域，她可以开始进行更高等级的思考。

- 这就是 ACT 法的第一个正念技巧。

2. **一旦她处于反思状态而非反应状态，就可以亲见自己的情绪变化了。**

- 她可以问自己：为什么我会产生这样的情绪？我的情绪想要告诉我什么？
- 比如，自身的愤怒情绪告诉她：在这种情境下，她有一个林肯导致的未被满足的需求，这个需求源于自身的核心创伤。
- 一般来讲，我们对一件相对较小的事，比如晚餐迟到，产生的情绪越强烈，潜意识中储存的负面联想就越多。

3. **然后，阿莉娅便能识别自己的未被满足的需求是什么。**

- 从第三需求和人格需求的层面看，她感觉自己在追求成功的道路上好像未能得到支持。
- 然而，这并不是她的核心创伤，只是她的未被满足的需求。

- 此时她可以自问：对于未能得到支持这件事，为什么我的反应如此强烈？这对我来说意味着什么？
- 然后她会明确这意味着她感到自己没有价值，意味着她的成功是用来定义自我认同的。

4. **阿莉娅的核心创伤是感觉自己没有价值，是由她童年时期的家庭关系造成的。这样的遭遇使她形成了恐惧－回避型依恋。**

经历了以上过程，回答了这些问题，一个人就会认识到自己的需求是什么，就能更好地与伴侣、朋友和家人沟通自己的想法。阿莉娅便能告诉林肯：她感觉林肯不支持自己，这让她特别痛苦，因为她总觉得自己没有价值。要满足自身需求，阿莉娅可以与林肯明确沟通自己的想法：人生路上，她需要林肯的支持，也需要林肯理解自己追求事业并不是抛弃了他，而是为了填补自身核心创伤留下的缺憾。

想要明确沟通需求，必须先了解这些需求。然后，你需要确保自己知晓如何将这些需求传达给同伴，让同伴理解你的需求。在这个基础上，你可以与同伴开诚布公地谈一次，两人共同努力以一种更开明的方式来满足双方的需求。

然而，沟通并不是满足需求所需的唯一条件。我们必须积极地寻找问题的解决方式，而不是消极地与问题做斗争。有趣的是，与已有问题做斗争不仅无法使我们的需求得到满足，反而会延续痛苦。

一方面，不必纠结于过去。一旦事情已经发生，争论不休根本于事无补，只会妨碍两人投入精力共同寻求满足双方需求的解决方案。阿莉娅未能准时赴约纪念日的晚餐，此事已成定局，无法改变。再就此争论个没完，只会让双方的需求都无法得到满足，这样做可谓徒劳无功。可为什么人们总会争执不下呢？这是因为他们连自己的需求是什么都不知道，却还在试图满足这些需求。比如，阿莉娅的核心创伤是感觉自己没有价值、缺乏安全感，她与林肯的争执触发了其核心创伤，所以她潜意识里想重新获得一种操控感。可她其实可以采取更有效的方式达成这一目标，即告诉林肯她赴约来迟的原因和她在试图满足什么需求，以及林肯该如何反过来帮助她满足她的这些需求。总而言之，潜意识会先于意识心理做出决定；当它接收到的好处比坏处多时，它也会做出同样的反应。开诚布公的交流有助于处理好人际关系中的期望，让导致这种局面的潜在原因浮出水面。此外，他们能够投入精力积极地解决问题，而不是与过去对抗。只要他们识别出自身需求，就不会再纠结于问题本身，而是专注于寻找解决方案来满足这些需求。

另一方面，为了满足自身需求，相处的双方都要明白留心别人感受与牺牲自我需求之间的区别。他们需要问问自己：这段关系中的某些方面是否可以切实得到改变？这种改变的代价又是什么？例如，如果林肯无法识别自身需求，那么他可能会为了让阿莉娅快乐而做出自我牺牲，也试图通过这种方式抚慰自己害怕遭到抛弃的核心创伤。自我牺牲可能包括接受阿莉娅继续缺席，以及内化他心中由此而发的怨恨情绪。这种做法会破坏两人的关系，必须予以规避。然而，如果林肯能像阿莉娅一样观察自己的身体对情绪做出的反应，那他也能识别自己的需求，找出折中方案，而不是一味地自我牺牲了。对于林肯这个焦虑型依恋的人来说，折中方案或许包括让阿莉娅偶尔抽出晚上的空闲陪伴他，同时也接受阿莉娅有时需要工作到很晚的现实。

明确的牺牲和折中方案的区别十分重要，如果你对自身的核心创伤还不完全了解，就更应该明确两者的区别。若区分不当，你自身的潜意识会触发多次权衡和妥协，最终会导致你的人际关系混乱不堪。总而言之，首先观察自身的情绪反应，然后识别自身未被满足的需求，最后与同伴进行明确沟通，如此便能化解消极互动，有效满足自身需求。

小结

基于我从 ACT 法中提炼出的多项技巧，结合托尼·罗宾斯理论的一些内容，再加上我与数千人相处得来的经验，我提出了一种独一无二的需求满足方法。既然各位对一段关系中满足个人需求须经历的过程已经有所了解，那么你觉得林肯是如何识别自身需求的呢？他又是怎样引导阿莉娅满足他这些需求的呢？

为了帮各位弄清楚林肯是怎么做的，请回答这些问题：

- 假如你是林肯，你身体的哪个部位会感受到愤怒情绪？
- 这些情绪想要告诉林肯什么信息？
- 作为一个焦虑型依恋的人，林肯

从这些情绪中解读出哪些关于自身未被满足的需求的信息？

- 从人格需求和第三需求的角度看，这一情绪如何反映他的需求？这也许和对“支持”的需求类似，因为作为一个“社交达人”，林肯可能更需要他人的支持和认同来维持他的自我价值感。
- 林肯应该怎么引导阿莉娅满足他的这些需求？他如何将这种想法传达给阿莉娅？

通过在上述问题框架下观察林肯和阿莉娅，我们会发现他们最后会找到一个更深层次、更长效的解决方案。他们会坦诚交流，总结过往，解决这段关系中存在的诸多问题。但是，这个框架怎样才能为你所用呢？仔细回想一下你最近与朋友、伴侣或者家人之间的争论。

- 这次消极互动告诉你关于自身的什么信息？
- 在这种情境下，你需要采取什么步骤来了解自己的需求，又该如何满足这些需求？

请为你自己写下该过程。

请牢记：本章内容主要关于如何调节消极互动，若你想要了解如何切实修复造成这些消极互动的核心创伤，请阅读下一章内容！

小贴士

运用 ACT 法改变生活

要在日常生活中应用 ACT 法，有些技巧或许可以帮你。以下是一些具体而实用的技巧，请阅读以下各项内容，看看如何运用这些技巧。

- 正确开启每个清晨。你的大脑在清晨刚刚醒来和晚上将入睡时最易于接受建议。早晨一睁眼就注意感受自己的感觉以及为何产生这种感觉，这样做有助于确定这一天的基调。比如，如果一早醒来发现自己心情不佳，那你的潜意识一整天都会对消极事件变得高度警觉。这也是你自我保护的一种方式。那就想想为什么会产生这种感觉，通过留心自身感受，你可以有效调整自己的想法，过好这一天余下的时光。

- **留心观察细小事物。**比如，监测自己的肢体语言，或感受自己的鞋子是否合脚。立足当下，对事物进行细致入微的观察，可以帮助你的大脑以各种方式发生改变。通过留心这样的细小事物，你也可以更有针对性地询问自己今天需要做好哪些准备。
- **问问自己今天需要什么。**这也许是过好一天最重要的建议了。花些时间识别自己有何需求，想想这些需求缘何而来，然后你就可以着手满足这些需求了。你需要做的下一步就是与他人充分沟通自己的需求，同时让他人也能表达自己的需求。

使用这些小提示和小诀窍，你会发生积极的改变，变化之大也许你自己都会感到惊讶。想想看我们每天萌生如此多的想法，即使是一些小小的改变，也会对你的幸福感产生连锁式影响。请记住，我们的终极目标是为了将你在人际关系中的依恋类型转变为更加安全的类型。为了达成这一目标，你必须首先清楚自身的需求。

第 8 章

重塑思维模式的 CBT 法

本章将探讨如何运用 CBT 法（认知行为疗法）应对各种困境，从而减轻情感上的痛苦。此外，本章会推出一种方法，比传统认知行为疗法更强效，通过该方法，你可以看到自己投射到某情境中的核心潜意识信念，而这也许就是你巨大痛苦的根源。这一方法可以让你在生活的各个领域切实做出持久的改变，并帮你真正修复自身依恋类型表现出来的潜在创伤。

我创立的这一方法要按一系列步骤推进，这些步骤借鉴了 CBT 法的一些基本方面，以及我在数千名客户身上观察到的趋势。具体如下：

- 首先要仔细考虑当时的情境并识别自身

情感模式。

- 问问自己这个情境意味着什么，它又激活了什么核心创伤。
- 寻找相反证据并进行反思。

为了更好地说明这一方法，本章将以两位同事为例：一位是苏尼尔（恐惧 - 回避型依恋），另一位是康纳（疏离 - 回避型依恋）。两人无法进行高效合作，因为他们总会对各自潜意识差异引发的争论进行主观解读。如果他们认识不到这一点，且不能修复自身的核心创伤，两人的工作关系会迅速恶化，工作效率也会大打折扣。

步骤一：识别消极情绪的触发因素

CBT 法是一种专注于改变不良思维模式的疗法。通过对传统 CBT 法的深入研究，我已经根据你的核心潜意识信念，为你创建了一个可以遵循的框架。

从反思情境开始：使用前一章提到的同款正念技巧，比如观察自身情绪变化或冥想。通过正念，给你的大脑一个切换状态的机会，让它更好地处理各种情绪。由此，你也可以清楚地识别出潜意识的触发因素。在传统的 CBT 法中，正念有助于识别自动思维。这些想法似乎是自动进入大脑的：意识心理不会过多考虑这些想法，因为它们不过是你日常想法的“填充物”。我们要看的其实是产生这些想法的潜意识机制。潜意识负责大脑 90% 的功能，而潜意识中存储的联想和想法则使有意识的思考得以延续。在考虑触发因素时，这是一个特别重要的概念。

但是我们把某物标记为触发因素意味着什么呢？本书讨论的触发因素，指的是引发或唤起负面情绪的话题或事件。因为潜意识思维是通过意识和潜意识层面的重复经历和强烈情感建构的，任何与这两者相关的体验都会影响人们感知现实的方式。不妨以苏尼尔和康纳之间的工作关系为例，苏尼尔属于恐惧 - 回避型依恋，康纳属于疏离 - 回避型依恋，两人合作的项目快要到截止日期了，但他们一直不认可彼此的工作方法。他们的触发因素是如何使这个情境变得如此困难的？他们的依恋类型又与这有什么关系？

苏尼尔的父母控制欲极强，他在儿时曾受到他们的情感虐待。而康纳的父母因为工作太忙，在他童年的大部分时光忽视了他。最终，康纳开始在潜意识里相信自己在某些方面是有缺陷的——父母的缺席让他觉得自己没有价值，倍感孤独。而成年后的康纳则表现出疏离 - 回避型依恋的特征。童年时期一再出现的孤独感让他潜意识里认为自己没有价值。因此，与这种情绪相关的种种情境便成了康纳深刻的核心创伤，他总会被这一情绪触动。当自己的工作方式遭到苏尼尔批评时，作为成年人的康纳潜意识里重新体验了情感上被忽视和不值得父母爱的经历。在这一刻，他的潜意识让他觉得自己不能胜任工作，因为他的表现貌似不够好。这段体验让他倍感痛苦，而现实情况其实并没有那么糟糕。

关于触发因素，有一个重要方面需要注意：尽管被触发的感觉是真实的，但那些与触发因素相关的想法、信念和假设可能不会准确反映真实的情况。

另一方面，苏尼尔极不愿意暴露自身的脆弱之处，因为小时候他就学着将脆弱与痛苦联系在一起。当他与康纳分享自己的意见时，得到的反馈居然是蔑视和愤怒，因此他退缩了，感觉非常沮丧。于是他会产生一些自动思维，例如“和康纳一起工作，真是糟糕透顶”，以及“为什么那家伙这么刻薄”。康纳也会产生一些自动思维，例如“苏尼尔不擅长他的工作，他的意见是错误的，我们永远也完成不了这个项目”。如你所见，不同依恋类型都有关键的潜意识触发因素，而触发因素的产生是由于儿时反复体验过的某种特定情绪。这些核心创伤随后会生成自动思维，我们必须留意这些思维和想法，避免延续过时的想法。实际上，苏尼尔有一个不同的有助于推进这个项目的观点，康纳的工作也为项目的推进打下了坚实基础，但两人内心的核心创伤却造成了不必要的冲突，让双方都十分痛苦。

通常，我们的情绪会使我们认为眼前的问题是无法解决的，而实际上我们并没有认识到真正的问题是什么。现在，让我们从分离和识别真正的情感挑战开始。在该情境下还有哪些未被满足的需求？对康纳而言，从第三需求角度看，他未被满足的需求是得到支持和认可。而对苏尼尔而言，未被满足的需求则是得到尊重和拥有表达自己意见的安全感。那么，两人是怎样解读当下情境的呢？还是老样子，康纳觉得自己没有价值，苏尼尔认为暴露弱点让人没有安全感。花一点时间亲眼见证这些强烈的情绪，我们便能确定引起上述反应的核心创伤是什么。重要的是要记住，人类的情感是为自身服务的——它们就像警钟，时刻提醒着我们：核心创伤即将被触发，我们尚有未被满足的需求。为了更好地阐释这个概念，就以饥饿时的感觉为例吧。饥饿感的存在是为了唤起人体反应，告诉我们得吃饭了。其他情绪也有同样的表现方式，它们的存在是为了帮助我们进行改变。

一旦确定了情感的触发因素，我们生活中的某些触发模式就会浮出水面。对康纳来说，在其爱情关系中，当伴侣生他气时，他就会感到自己没有价值，这种感觉和小时候父母忙于工作无暇顾及他时一模一样。这导致他的日常生活中充斥着愤怒反应。苏尼尔也表现出同样的触发模式。着手识别情绪触发模式是至关重要的，因为我们一旦熟悉了这些模式，就可以着手消除它们的情感负担。试想：如果有人让你在没开灯的情况下穿过一间你从未去过的房子，且不要撞到任何东西，你能做到吗？当然不能，因为你不熟悉这间房子，根本不知道房子里有什么。但如果你先开着灯走一遍，然后在黑暗中穿过房子，这将对你清晰了解障碍方位、顺利穿过房子有很大的帮助。潜意识的触发因素也是以同样的方式发生作用的，尽管很有挑战性，但一旦我们识别并解码了这些触发因素，就能在日常生活中更好地掌控它们。

最后，很重要的一点：深入研究自身已触发的自动思维，因为它们会引发一种情绪反应，而这一反应是为提醒我们一些事——提醒我们需要识别核心潜意识创伤，避免这一核心创伤不合时宜地出现在我们的日常生活中。

问问你自己：

- 你怎样解读这个情境？
- 你能确定情况完全属实吗？例如，康纳真的确定苏尼尔是个不折不扣的刻薄的同事吗？
- 也许他的潜意识自动对情境进行了如是解读，是因为他的情绪被触发了？

花点时间留心某种情境下产生的种种情绪，是揭示该情境中不同情形之下蕴含的深层意义的第一步。

步骤二：寻找矛盾性证据，修正视角

自动思维的产生源于你的潜意识思维中存储的信息，这些信息旨在保护你。然而，人们潜意识思维中存储的消极信息远多于积极信息，因为它是作为安全机制存在的。虽然从进化的角度来看这种机制是高效的，但不幸的是，这也使人延续了许多焦虑和绝望的想法。还要记住，由于潜意识是通过重复经历和强烈情感建构的，我们越是延续某些想法，这些想法在我们心中就会随着时间流逝越发根深蒂固。

那么我们该如何识别自动思维和使它们产生的核心触发因素呢？其实，大脑总是在寻找支持其想法的信息，这些信息也叫作支持性证据。支持性证据是大脑从其所处环境中挑选的信息，用来强化某些已有的想法。对于重新构建你的潜意识，这是一个消极的做法。

举例来说，假设康纳要去参加一个工作聚会——记住，他认为自己根本不配与他人建立情感联系。走进聚会地点时，他的自动思维即：“这里没人喜欢我，也没人欢迎我。”然后他的大脑开始寻找支持性证据：若有人在谈话时皱着眉朝他的方向看过来，他就会觉得这些人讨厌他，希望他离开。同样，当苏尼尔在两人合作的项目中纠正康纳的做法时，康纳的大脑便会将这一做法视作支持性证据。对康纳来说，这可能再次强化了他心中“苏尼尔试图诋毁他”的想法。

支持性证据有非常强大的一面，它无时不有，无处不在，这一点不容小觑。大脑一直在寻找我们潜意识里相信的支持性证据。当潜意识存储着异常痛苦的想法时，这些想法就会投射到我们的现实世界中，变得随处可见。因此，有一件事很有必要：着手为我们的核心创伤寻找矛盾性证据，重新构建我们的潜意识，并修正自己平日里看待问题的视角。

矛盾性证据是反驳已有想法的信息。由于记忆是受情绪影响的，所以，从我们过去和现在的生活中找到矛盾性证据，再把这一证据与那段经历引发的种种情绪相匹配，我们便可以着手重构自身的潜意识。从本质上说，找到相反证据有助于平衡我们的潜意识，也有助于输入与时俱进的全新想法。若要更好地理解这层意思，你可以想想苏尼尔和康纳眼下的处境。康纳一直认为自己没有价值，他首先应该考虑的是在生活的七个主要领域中，他的这一想法在哪些领域已经得到了证明。

生活的七个主要领域是:

1. 家庭。
2. 精神。
3. 经济。
4. 心理 / 情感。

5. 事业。
6. 身体。
7. 社交。

康纳首先可以回忆一下他在前一年的马拉松比赛中取得了位列前十的好成绩，这说明他的身体素质不错。他还应该记起上个月他和最好的朋友在一起度过了一段艰难的时光，这说明他同样值得朋友的关注和陪伴。通过找到与其潜意识核心信念相矛盾的证据，他可以逐渐在情绪上达到平衡。这就减少了他潜意识思维中产生的关于无价值感的自动思维。他的日常互动会变得更加健康，他看待问题的视角也会更加开阔。

对苏尼尔来说，暴露弱点让他感觉受到威胁，让他内心深处没有安全感。因此苏尼尔必须在他生活的各个领域反复寻找与前述感受矛盾的地方。例如，矛盾之处可能体现为上周他和老板讨论加薪问题的时候，老板当下便承诺与他签一份新合同。这证明了在他人面前展现弱点是安全的。像康纳一样，苏尼尔必须在他生活的各个领域找到类似的矛盾性证据，进而消除自身情绪反应。在这一点上，两人都能更好地理解自身的核心创伤是什么，这些创伤引发了什么情绪模式，又该如何开始平衡这些情绪模式。这让他们处于一种明显更好的不再那么被动的状态，能够赶在最后期限内完成合作项目，也改善了他们整体的情绪健康状况。

在思考你的自动思维时，可以问自己这样一个有用的问题：我赋予了该情境什么意义？我能确定这是真的吗？大多数时候，消极的想法和触发因素都源于童年时期形成的过时的观念。通过根除这些观念并修复我们的感知，我们可以逐渐在所有人际关系中都变成偏安全型依恋的人。

步骤三：克服认知扭曲，回归平衡

当你开启自己的思想之旅时，你可能会注意到你的大脑喜欢扭曲自身的思维模式。在 CBT 法中，有几种常见的认知扭曲或思维模式，在这些模式之下你的思维可能会扭曲你对现实的感知。

在阅读下面的段落时，花点儿时间注意一下你的思维模式中哪些认知扭曲最为严重。根据后续解决方案中的建议，制定最适用于你的升级版思维策略，让你的思维回到一个公平和平衡的角度。这一提议的目的是让你释放你思维中的偏颇和扭曲，用实际的、合理的想法取代它们，使你专注于解决方案，而非不断放大自身面临的问题或挑战。

“要么全有，要么全无”的思维模式

这种类型的认知扭曲发生在我们以极端或非黑即白的方式看待世界的时候。这种扭曲既存在于我们的思想中，也表现为我们的种种行为。

假设一个叫史黛西的女人正在和一个叫杰克的男人交往。交往两年后的一天晚上，杰克说他要给史黛西打电话，但他忘了打。第二天史黛西给杰克打电话说："你忘了给我打电话，现在我再也不相信你会履行你的承诺了。"

上述可以作为"要么全有，要么全无"思维模式的例子。史黛西认为，杰克犯了一次错误后肯定还会再犯这个错误，在恋爱关系中不值得信任。这种想法不仅会伤害史黛西自己，也有可能会伤害杰克。对史黛西来说，一个不错的解决办法就是把她的担忧告诉杰克，而不是自己非黑即白地瞎想。她可以对杰克说："你忘了打电话给我，我很难过，我担心你履行承诺的能力。你得更加用心地对待我们的承诺，这对我而言很重要。"

史黛西可以提醒自己，虽然杰克犯了错，但在一段感情中犯错是难免的。杰克在某一方面的错误并不一定意味着他在这段关系中的所有方面都不值得信任。最重要的是史黛西要向杰克表达她的担忧，并给杰克一个道歉和改变的机会。这就是一个回归公平和平衡视角的例子。然而如果杰克频频犯错、不知悔改，那就是另外一个故事了。

小题大做

小题大做是一种认知扭曲，会导致人们跳进“恐惧的兔子洞”。大脑不断回想生活中那些绝对称得上最糟糕的场景，就属于“小题大做”。

假定有一对恋人名叫玛丽和雅各布，两人已经交往了六个月。某个周末，两人本来要一起出去约会，但玛丽在最后一刻取消了约会。于是雅各布开始恐慌，心想：“玛丽不想和我在一起，她是出于同情才和我在一起的。她想和我分手，我再也找不到另一半了，我就知道我会孤独终老！”

这些都是令人非常痛苦的想法。雅各布在他的脑海中上演了一整部电影，想象自己在那些场景中孤独终老，没有人可以说话。因为我们的大脑很难分辨现实与想象的区别，所以雅各布会在这种思虑的过程中感觉到情感的消耗。在对这些想法做出生理反应时，他也会产生大量的皮质醇。

小题大做会引发巨大的焦虑，并深深影响我们的人际关系。你觉得雅各布接下来会怎样与玛丽交谈？雅各布不太可能保持理性，很有可能会表现出他依恋类型中不健康的一面。

对雅各布来说，一个重要的解决办法就是不断质疑自己的想法。他可以问自己："我确定这是事实吗？玛丽会不会是因为别的原因取消了这次约会？"在质疑了自己最初的想法后，雅各布也可以要求玛丽做出解释。

通过质疑自己原本的想法，雅各布可以回到一个公平和平衡的视角。他能认识到自己不可能确切了解未来会发生什么，也不可能知道为什么玛丽要取消约会。这可以引导他采取更健康的行为来寻求伴侣的解释或澄清，由此释放一些由他的思维模式引发的压力。

“贴标签”

在 CBT 法中，“贴标签”就是将某种错误或行为判定为一种性格特征。“贴标签”常会引发自暴自弃式的内心对话。

我们以安德鲁为例。他在上交工作报告时犯了一个错误，当安德鲁发现自己犯错时，他暗自惊呼道：“我真是个白痴！只有笨蛋才会这样做！每个人都会认为我是一个笨蛋！”

安德鲁认为犯错是一种内在的性格缺陷，这其实是一种严重的认知扭曲。这种扭曲会让人自我贬低，使自尊心受到打击。你内心的自我评价对你的自我感觉有着重要影响。

安德鲁的想法与认知确实会产生情绪和神经化学反应。当他陷入给自己“贴标签”的陷阱时，他会感觉这比他已经犯的错误更让他无能为力、缺乏信心。

针对这一问题，有一个重要的解决方案，即尽量将行为与性格特征分离开来，这样做能让你改变消极的自我批评模式，并让你在注意到这一消极模式时及时予以纠正。你甚至可以尝试理解消极自评的根本原因，尽可能制定策略来防止该行为再次发生。

例如，如果安德鲁内心不那么忙着自责，他更有可能认识到自己之所以犯了错是因为过于匆忙，如此他才有能力制定新的策略，以更好地管理自己的时间，并努力从根本上解决问题。“贴标签”不仅伤害了安德鲁，还阻碍了他在该情境下加深自我认知，限制了他的成长能力。

过度概括

过度概括是一种认为一种体验可以代表所有体验的倾向。一个人感到气馁或沮丧时很可能会这样做，但这是一种非常痛苦的认知扭曲，会阻止一个人有效成长、克服挑战。

让我们以帕里为例来说明这一点。帕里一直想安顿下来，想结婚，她刚结束第一次约会。她的约会对象名叫萨姆，第一次约会就迟到了，而且对她没有表现出多大兴趣。

帕里回到家，打电话给她的朋友，讨论约会的细节。她对朋友说："约会不太顺利，萨姆对我不是很感兴趣。我现在才知道没人会对我感兴趣，我很失望，我讨厌约会，所有约会都让人不自在！”

帕里认为，一次约会不顺利代表以后所有约会都不会顺利。她用一次经历概括了所有约会的状况。她甚至认为:“所有约会都让人不自在！”这使得帕里无法得到找到另一半的公平的机会，因为她是带着自暴自弃的看法看待这件事的，在未来的约会中很可能会更加没有安全感或更不自在。

应对这一问题的重要策略是积极坚持将一种体验与所有体验区分开来。如果你注意到自己用了“总是”或“从不”这样的词，这表明你可能正在进行过度概括。在对伴侣或所爱之人的特性进行过度概括时，你自己可能也会十分痛苦。

其他重要的认知扭曲包括读心术、算命和个人化。读心术就是你假设自己知道别人在想什么。算命是对未来做出假设的行为，会带来负面情绪。个人化是指不管发生什么情况，都假设其中的罪责或过错是由自己而起。例如，如果你的孩子在学校课间休息时受伤了，你会很生自己的气。

花点时间写下你身上表现出的最为明显的认知扭曲。在你的人际关系中，哪些认知扭曲最有可能让你感觉悲伤或产生不健康的习惯？你可以使用上述策略来改进，从而回归公平和平衡的视角。你会发现自己已经做到这一点了，因为你觉得自己对这些情境的情绪负荷已经减轻了，开始变得实事求是、脚踏实地了。

监控你当前的心情

在读完前面的这些内容之后，重要的是要反思一下你的自身感受，想想你在过去一周可能产生了哪些自动思维，以及是什么核心触发因素导致了这些思维和想法的产生。

- 在产生类似于“我没有价值”或“我不讨人喜欢”等想法时，你有什么感觉？
- 当你的大脑识别出支持性证据时，你有什么感觉？

在仔细审视过个人生活的七个领域后，问问自己：我现在感觉如何？通过寻找矛盾性证据，你终将消除某个特定核心想法给你带来的负累。接下来，你可以让自己的潜意识学着根据你今天的生活更新看待问题的视角。例如，如果你现在正处于一段充满爱意的亲密关系中，这段经历可能会让你明白，展现情感上的脆弱是安全的，你是值得被爱的。

有了这些信息，我们可以进一步研究苏尼尔和康纳之间的工作关系——假设两人都遵循了相同的识别、质疑和消除等步骤。一旦他们消除了自己的核心创伤，两人都会更容易接受批评和不同观点。如此一来，两人的沟通渠道便打开了，共担的项目推进也会更顺利。此外，这一变化也将极大地改善两人在生活其他层面的感受。

重要的是要记住：我们的潜意识每天都在接收新信息。因此成年后，重大的情感事件，或情感挑战性不强但发生频率很高的某种类型事件，依然可以重塑我们的依恋类型。因此，重要的是要不断质疑自身的想法，并寻找可能出现的其他旧的或新的核心创伤。我们处于不断发展和改进的状态，必须为此做好心理准备。

此外，消除了自己的潜意识对某个核心信念的影响之后，重要的是要反思你当时的情绪。这样你就可以继续练习正念，同时努力养成更积极的习惯。

这种更深入的 CBT 法将为你提供多种方法，帮助你应对日常生活中的各种困难情境，改善你的心态，并帮助你解决不同触发情境中出现的问题。基础层面的 CBT

法就已经对数百万人的生活产生了惊人的影响。它将个人的想法、思想、身体反应和行为联系起来，通过在潜意识层面检测认知行为，可以揭示并治愈某些执念。

请记住，这个过程会因依恋类型的不同而不同，因为每种依恋类型本质上都有不同的触发因素。

以前文没有提到的焦虑型依恋为例，这种依恋类型的触发因素往往是“被拒绝、被抛弃或认为自己不够好”。因此，在重现这些想法的情境中，焦虑型依恋的人会自动寻找即将引起这些想法的证据。他们会将伴侣加班解读为伴侣感情变了，而将伴侣未接电话的行为视为即将被伴侣抛弃的证据。最终，这些想法会吞噬一切，损害双方关系。

因此，焦虑型依恋的人需要寻找下面这样的例子。例如，他们的伴侣虽然工作到很晚，但带着他们最喜欢的外卖回到了家。对这种类型的人来说，找到使他们在一段关系中具有安全感的多个例子很有必要。这样他们才会有余力监控自己当前的情绪。这是了解 CBT 法最后也是最关键的一步，能帮助焦虑型依恋的人识别未来的情绪模式。

还有一些技巧可以让你在日常生活中踏实安心，并帮你检测自身的情绪模式。冥想就是一个很好的方法，因为它能让你从一个中立的空间观察自己的想法。想要获得冥想的最佳效果，你可以在醒来或睡前开始练习冥想。你也可以傍晚出去散散步，顺便反思自己的一天。或者也可以与自己的同伴来一场开放式讨论，确保你在利用情绪触发因素充分反思自己的工作历程。这将有助于你在未来根据需要重复这一过程，让你能更好地适应自身情绪被触发时的状况，更好地理解自身情绪在生活的各个领域向你传达的信息。

小结

总之，如果苏尼尔和康纳能够对导致两人关系紧张的核心创伤加以反思，他们就能更高效地合作并按时完成工作。

如果做不到这一点，他们就会延续导致过度痛苦的过时想法，不能准确感知他们生活中的每一种关系。因此，我们必须探索比传统的 CBT 法所能触及的更深层次的东西，找到自动思维的潜意识根源，然后质疑和消除这些自动思维。

这个过程可以让你的大脑做好准备去迎接更新的想法，而且你在生活中必须不断地反思并监控这个过程。

由于每个人在每段关系中经常会因不同经历表现出不同的依恋类型，核心创伤在生活的不同领域可能也会有所不同，因此，于你而言，有益的是在你拥有的每种人际关系中都要反思自己的情绪模式，无论这些关系是亲密的恋人关系、柏拉图式的朋友关系还是亲近的家庭关系。

此外，你还可以与你的伴侣或朋友谈谈他们赋予某些日常冲突的意义。你可能会惊讶地发现：他们在潜意识中存储的相关联想导致了他们后来在争论中的错误沟通。

花点儿时间充分质疑你的想法。使自己从自动思维中解脱出来，你的生活就会发生翻天覆地的变化。

小贴士

运用 CBT 法更新认知

除了对潜意识进行深入彻底的重构，在日常生活中实施CBT法还有很多方式。

CBT 法的目的是根除那些对你不再有积极作用的想法。要想在日常生活中实施 CBT 法，就要寻找能让你更客观地反思自己和自身经历的技巧。下面是一些例子：

- 写日志。把事情写下来不仅能确保记忆被准确地记录下来，以备将来反思之用，还有助于我们评估自己在某些情境下经历的情绪。在此基础上，我们可以寻找在生活的不同领域经历的模式以及可能需要处理的核心创伤。

- 冥想。冥想是一个很好的方法，可以帮助我们客观地反思自己。冥想有助于消除偏见，让我们回归当前。冥想的效果非常好，能明显提高我们寻找一整天中矛盾性证据的能力。
- 开放式交流。与亲友分享日常感受，这样你就有了一个参谋团来帮你评估自己内心各种猜测的真实性。例如，当你对一位朋友的反应做了某种解读，你的伴侣可能会提供一种全新的方式来看待这种情况。与一个开诚布公、不偏不倚的人讨论我们遇到的挑战通常有助于打消我们自己的不真实猜测。

我们日常生活中有多种途径可以推行CBT法的某些做法，但当你感觉被某事强烈触发时，重要的是先要退后一步分析局势，然后进行深入研究。

一般来说，你赋予一个情境的意义越多，其造成的痛苦越多，那么它的触发因素就隐藏得越深，消除这些触发因素也就越发重要。

遵循这些步骤，你生活的方方面面都会发生根本性变化。

第 9 章

学会活在当下的 EFT 法

我曾依据实证研究从数以千计的案例中筛选出许多做法，本章我们将探讨传统的 EFT 法（情绪聚焦疗法）和附加实践之间的关系。本章将探索你的依恋类型、该依恋类型中的核心潜意识创伤以及 EFT 法中常用的传统疗法三者之间的关系。

EFT 法是一种用于缓解情绪困扰的疗法。该疗法由加里·克雷格（Gary Craig）在 20 世纪 90 年代晚期提出，借鉴了多种治疗方法，如神经语言学规划法和思维场疗法。EFT 法专注于一个概念，即情绪具有引导作用，忽视情绪会造成长期的心理伤害。

EFT 法主要探究三个问题：

1. 情绪是如何产生的?
2. 情绪是如何影响人类功能的?
3. 情绪是如何与思想和行为相关联的?

使用 EFT 法可以帮助我们洞察情绪的生理感受，以及这些感受如何左右我们的生理功能、思维和行为方式。通过使用 EFT 法，个体可以更好地理解自己的情绪，避免情绪化行为，使其行为更具逻辑性。通过拓展传统的 EFT 法原则并将其与依恋理论结合，你可以更好地应对冲突，理解自身的情绪试图传达给你的信息。

步骤一：深入研究你的情绪

为了说明 EFT 法如何发挥作用，如何扩展其传统观点以及如何将依恋理论与 EFT 法结合起来发挥作用，我们现在假设有两姐妹发生了冲突。其中，妹妹艾米丽属于焦虑型依恋，而姐姐朱莉属于疏离 - 回避型依恋。

两人正在为周末谁可以用家里的车而争吵。艾米丽想开车去朋友家，而朱莉想开车去城里看望她的另一半。

请记住，因为两人所属的依恋类型不同，所以她们各自的核心创伤会投射到这场争论中，表现为对所处情境的想法或说法。艾米丽担心的是，如果在友情中不投入时间和精力，她就会面临失去朋友的风险；而朱莉最近和她的伴侣发生了争吵，在过去几天里她一直在抽空处理这件事。朱莉觉得如果自己不去城里解决问题，她的感情可能会遇到麻烦。

两人所持的不同信念也体现在她们的争论之中。两人争吵时，朱莉会远离艾米丽，去处理自己的情绪。而艾米丽会担心她跟姐姐的感情正在变淡，想要在争论之后立即把事情谈清楚。

现在，我们已经概述了两姐妹之间的争论，并说明了她们的核心创伤和信念，接下来我们可以探索 EFT

法针对该情况的解释，以及我们可以用何种方式扩展传统的 EFT 法。

识别冲突中的感受

在前面几个章节中，我们概述了花时间观察和识别产生冲突的感受的重要性。这个简单的技巧会重新激活大脑皮质，让我们的大脑回到逻辑状态。根据传统的 EFT 法，个体会质疑：他们的情绪是如何产生的，这些情绪会引起什么生理反应，以及这些情绪会如何影响他们未来的行为。

花点儿时间来识别你身体的哪个部位在感受你的情绪。如果你在生气，可能会感觉到自己的拳头紧绷。如果你紧张或焦虑，可能会觉得胃里空空如也。找出所有存在的感觉。观察及探究等简单的做法会让你从反应状态进入反思状态。

以艾米丽和朱莉为例，由于两人的依恋类型不同，她们对某一情绪做出的反应会出现在各自身体的不同区域，并且感受也不尽相同。在最初的争吵之后，艾米丽可能会倍感恐惧，可能会过分依赖朱莉，这些感受会导致她的胃部和胸腔出现反应。而朱莉，作为疏离 - 回避型依恋的人，会变得孤僻，也可能因为自己的逃避反应而四肢乏力。如果两姐妹都花点儿时间思考一下自己处于什么情绪之中，自己的哪个身体部位感受到了这些情绪，她们的大脑思维活动区域就会转移回皮质和新皮质，为解决冲突做更充分的准备。

归根结底，传统的 EFT 法的第一步就是深入研究自身情绪。亲证情绪，这样你就能识别这些情绪，并转向一个更合乎逻辑的思维角度。下一步是找出这些情绪的触发因素。问问你自己：为什么会产生这些情绪？然而，在这一点上，我不建议使用传统的 EFT 法。相反，你应该问问自己：是什么核心潜意识创伤产生了这些触发因素？

例如，朱莉会注意到她选择远离艾米丽是因为她受到情感联系的触发，所以朱莉必须去检查触发远离这一举动的核心创伤。以疏离－回避型依恋的人为例，做出远离的举动是因为他们儿时遭受过严重的情感忽视，因此他们会认为自力更生是自我保护的唯一方式。

识别被激活的触发因素

你如何确定自己的哪些触发因素被激活了呢？你必须明确自己所感知到的消极核心信念是经过验证的。

问问你自己：

- 我认为这场冲突意味着什么？
- 我担心会发生什么？

我曾与数以千计的客户合作过，他们首先会通过提出这些基本问题，将自己的看法提炼为痛苦的核心信念。为了说明这些问题是如何揭示核心创伤的，大家可以思考一下两姐妹之间的争论。关于用车的问题，艾米丽会问："我害怕发生什么？"

对艾米丽这样的焦虑型依恋的人而言，他们的答案可能是"我的朋友会因为我不够好而离开我"。对艾米丽的姐姐朱莉而言，她的答案可能是"因为这次争吵，我将失去和我妹妹的情感联系"。如你所见，我们的感知是由自身的核心创伤或信念塑造的。这些观点会投射到争论中，不同个体会有不同解读，冲突双方有一方可能无法理解，而另一方则不甚明了。若不能理解核心信念及其触发方式，人际关系中的交流就会变得极其困难。

"我认为这场冲突意味着什么？"对朱莉来说，她的答案可能是"妹妹不明白我的恋情正在经受波折，也不明白我表达这些会带来痛苦，脆弱总会带来痛苦"。关于用车的冲突触发了姐妹两人关系中的核心创伤以及受用车影响的其他关系中的核心创伤。在这种情况下，如果不问问自己这两个关键问题，就发现不了那些被激活的触发因素，冲突也会让人更加痛苦。

评估你的情绪水平

在这个阶段，评估自身的情绪负荷是很重要的。一旦你观察和识别了自己的情绪，并确定了导致痛苦的潜在诱因，就要问问自己：从 1 分到 10 分（10 分代表最消极），我的感觉是多少分？传统的 EFT 法会鼓励人们观察自身情绪一段时间，在此期间，他们会处理自己的情绪并冷静下来。从生理上说，我们的大脑会回到更高级的思维进程，而负责低等功能的爬虫类脑的活跃程度会降低。通过识别存在的核心潜意识创伤，你可以找到相反证据，从而开始减轻与上述触发因素相关的情绪负荷。例如，艾米丽可以提醒自己，尽管她和朱莉有过争论，但朱莉每次一有机会处理她的情绪，她们就会和好。朱莉也能找到相反证据，那便是——朱莉记得自己每次分享感受时，艾米丽都会支持她。

通过从反思而非反应的角度来研究情境性疼痛的根本原因，两姐妹都能更清楚地交流彼此的需求。一旦她们处于积极向上的状态，就能一起找到解决方案。在用车这件事上，朱莉可以先开车把艾米丽捎去朋友家，然后再去城里见她的伴侣。

- 对姐妹两人来说，这次冲突的情感代价分别是什么？
- 当你处于类似的冲突中，1 到 10，你给自己的情绪状态打几分？

请记住，当你在情绪量表中的感受值大约是 5 分或少于 5 分时，表达自身感受就很有必要了，因为你可能对自己的情绪状态更没有把握。若你的情绪状态得分在 6 分或 6 分以上，表达对于找到解决方案可能成效并不显著，因为你仍然处于反应的状态。你依然很情绪化，因此你的判断力可能会受影响。

步骤二：表达你的情绪

对潜意识思维的研究发现，在生命最开始的七年里，大脑几乎处于催眠状态。在童年早期，大脑在清醒时产生的脑电波主要是 α 和 θ 两种脑电波——与催眠时产生的脑电波相同。

因此，在童年时期，我们基本上会像海绵吸收水分一样吸收信息。年轻的大脑具有极强的学习能力，并深受来自其所处环境方方面面的影响。在此期间，我们有许多重要的经历，正是这些经历塑造了我们的世界观和对生活的感知。

其中一个重要经历就是我们对冲突的理解。冲突是人类经历的一部分。冲突是不可避免的，如果处理得当，冲突往往对我们的成长大有裨益。然而，我们最早的冲突经历往往是相当痛苦的。

假设有一个叫利亚姆的五岁男孩，他充满活力和好奇心。一天，利亚姆在他家前院玩耍时突然生出一个想法，想要去请街对面的邻居和他一起玩。这个想法让利亚姆激动不已，他跳起身来就要横穿马路，压根没考虑路上车来车往的状况，脑海中没有一丝恐惧。

正当利亚姆要穿过马路时，他的妈妈大喊着并扯住他的衬衫，猛地把他拉了回来。妈妈见利亚姆不注意往来车辆就要横穿马路，一时之间吓坏了，她心里只有一个念头：如果自己当时不阻止他，可能会发生可怕的事情。

而利亚姆却非常沮丧，对自己的妈妈失望透顶。前一秒他还在享受人生中的美好时刻，下一秒就被人大吼大叫着粗暴地拉了回来！他觉得妈妈不明白自己的行为是无意之举。他不是故意犯错的，他解释不清楚自己的行为。每当他想跟妈妈解释清楚时，妈妈都不听。在这一刻，利亚姆内心倍感羞愧、难过和无助。

这是利亚姆儿时众多的经历之一，大多数人也有类似的成长经历。父母约束孩子是因为他们要确保孩子的安全，但实际效果经常不如人意。在通常情况下，孩子看不出父母的心疼和担忧，只听到刺耳的责骂、严厉的惩罚、不停的羞辱。

构建潜意识的两大关键因素：重复体验与强烈情感。

因此，我们易受影响的潜意识思维通常会将冲突与羞耻、无助、悲伤、被误解及其他痛苦的感觉联系起来。某种体验重复的次数越多，我们的潜意识构建就会越深入。某种体验越情绪化，相关的潜意识构建也会越强烈。这两个因素创造了一个具有挑战性的动态过程，因为我们童年的大部分时间是在社会化过程中度过的。

你知道利亚姆和他妈妈在一起的时候，有多少次都像上文那样备受训斥吗？他想自己下楼梯会招来一顿责骂，因为妈妈觉得他还太小；他想伸手去摸摸还热着的炉子，也逃不掉一顿责罚。整个童年时期，利亚姆几乎每天都会受到某种形式的斥责和怒骂。

大多数人都有类似的成长经历，这意味着大多数人关于冲突的潜意识联想都是相当痛苦的。成年之后，利亚姆的生活很可能仍然伴有许多这样的联想，除非他费尽气力克服这些困扰。在他心中，冲突就等于惩罚和羞辱。

现在让我们快进 20 年。如今的利亚姆正和他的第一任女友菲斯展开一段长期恋情。利亚姆属于疏离 - 回避型依恋，而他的女友菲斯则属于焦虑型依恋。

一天晚上，利亚姆下班回家的路上忘了给菲斯打电话。新工作让他一整天过得特别艰难，而且心事重重。当利亚姆回到家时，菲斯很苦恼。她对利亚姆没有联系她表示焦虑和沮丧。利亚姆马上就感受到了菲斯的情绪，这也勾起了他潜意识中存储的所有相关联想。

此时，利亚姆根本无法陪伴在菲斯身边倾听她的感受。相反，他内心感觉自己受到了攻击，于是跳起身来保护和捍卫自己。他对菲斯提高了嗓门，告诉她别来烦自己，他今天累透了！利亚姆无法确认菲斯的情绪具体是什么，但认定她肯定对他不满。他觉得她在羞辱他，于是内心感到怨恨、悲伤和无助。他还觉得自己受到了对方严重的误解。

利亚姆这一刻的情绪反应，既包含与菲斯争论情境下产生的情绪，也包含由此勾起的他大脑中存储的已有情感联想。人类的潜意识思维存储着所有记忆，那些记忆中的情感联想始终鲜活，随时准备浮出水面。利亚姆和菲斯两人沟通起来很困难，这也不难理解，因为他们都在经历着尚未解决的触发因素，这些因素被存储在潜意识中。

- 他们如何才能避开这一挑战?
- 他们如何在不触怒对方的情况下实现沟通呢?

首要的一点是，要认识到与我们所爱之人争吵会造成很大痛苦的重要原因。大多数人会认为争吵是为了分出个对错来。但事实上，我们总是在为所爱之人是否留意、倾听、理解我们而争吵。在争吵最激烈的时刻，若你爱的人不理解你，你会感觉很痛苦，常会觉得自己好像要失去对方了。

此时可以顺理成章地采取第一个步骤来解决问题。在无法确认一个人行为的情况下，可以先确认他的感觉。如果利亚姆使用了这个方法，他可能会对菲斯说："嗨，亲爱的，我知道你现在很受伤，对此我很抱歉。

但我不喜欢你的表达方式，如果你能更温和地表达，我就能更好地倾听了。”

虽然这看起来不过是个小技巧，却能产生非凡效果。在争吵最激烈的时刻能够确认爱人的情绪，其影响是深远的，可以彻底消除无助感、被误解感和羞耻感。更重要的是，这一做法可以防止防御机制由于与冲突相关的潜意识存储量过大而崩溃。因此，听到这一表达的人很可能会平静下来，而不是发怒。

如果菲斯当时能运用正确的方法和利亚姆充分沟通，她也会找到更合适的方式来表达自己的焦虑和沮丧。

正如本书第 8 章所讨论的那样，我们在某种情境下经历的痛苦大多是基于我们对这种情境的主观解读，而非源于该经历本身所包含的客观内容。因此，你可能会发现，如果一个朋友忘记给菲斯打电话，她的反应与利亚姆忘记给她打电话的反应截然不同。

菲斯在等待利亚姆回家的过程中可能觉得自己有必要把情绪发泄到他身上，对她来说明确这一感受代表的意义很重要。还有一点也很重要——她应该说清楚是她对当时情境的解读令自己沮丧，并且从那个角度跟利亚姆沟通想法。她可以说："利亚姆，我知道你今天一整天都在工作，但当你没有回我电话时，我把这一做法解读为你不在乎我了，这让我很受伤。我希望你以后多注意这一点，也许在手机上设置一个提醒比较好。"菲斯运用的就是以下步骤：

1. 确定你给一个情境赋予的意义。
2. 用以下方式来表达你赋予情境的意义：

   "当____________(填写情境）发生时，我把它解释为____________(填写你赋予它的意义)，我感觉____________(填写你体验到的情绪)。"

3. 确定你对于所爱之人的需求，写下他们更好地满足这一需求可以运用的策略。
4. 用以下方式来表达你的需求：

“我需要你_______________(填写你的需求)。你可以这样做____________(填写他们满足需求可以运用的方法 / 策略)。”

这一系列步骤完成了四件要紧事：

1. 这些步骤帮助菲斯述说出自己的经历，并表达出她对这一经历的解读，从而降低了利亚姆被触发的可能性。这种去个人化解读极大地降低了利亚姆的自我保护需求，也大大降低了他对冲突的负面联想被触发的可能性。
2. 以上步骤可以让菲斯表露自己的脆弱之处。她脆弱的时候最容易找到听她诉说的对象，因为人类的天性就是对脆弱不设防。想想你看着小狗或小婴儿时自然流露的样子你就明白了。表露脆弱也可以展现人们陪伴他人的能力。

3. 菲斯为利亚姆提供了一个解决方案。我们很容易陷入出口伤人的陷阱，却没有告诉所爱之人应采取什么方式让伤害得到缓解。这通常会导致问题只能解决一部分，因为有时解决问题的需求并不明确。
4. 菲斯为利亚姆描述了满足她需求的“方式”。夫妻之间通常会将自身需求投射到伴侣身上，然后尽量满足对方这方面的需求，以此来解决两人间的种种矛盾。

假设菲斯和利亚姆说她需要他的支持。也许当菲斯给利亚姆做饭时，他会觉得得到了她的支持。所以，两人发生争执的第二天，他也试图这样做来表达自己对爱人的支持。但菲斯说自己需要支持的时候，她其实暗暗希望利亚姆能称赞自己，让她通过言语得到认可。她很感激这顿饭，但仍觉得利亚姆“不够努力”。

一对伴侣该如何满足彼此的需求？对这一问题，夫妻两人通常会有截然不同的理解，这也解释了为什么第一步中用来满足需求的“方式”相当重要。尽管菲斯和利亚姆要是能读懂对方的心思，情况就会有所好转，但只读懂心思是远远不够的。

这四个步骤应当被奉为沟通的黄金准则。花点时间实践一下，回想一下过去令人沮丧的种种冲突，按这些步骤做做看。一旦你觉得自己对这些步骤了如指掌了，就可以在各种充满挑战的生活情境中加以运用。

积极倾听也是解决冲突的重要部分，所以要记得给你的伴侣留出空间，让对方也能心存敬意地和你交流。

步骤三：有效地回应对方的情绪

EFT 法可分为以下三个阶段：

第一个阶段，评估和缓和。

第二个阶段，更改事件。

第三个阶段，巩固变化。

第一阶段的重点是观察和发现最初的情绪触发因素。然后，我们必须专注于如何有效地传达这个核心创伤或触发因素。最后，我们必须有效地接收沟通信息，以实现持久的改变。

人们总是沉浸在自身情绪给自己带来的感受中，常常忘记如何回应他人的情绪。前面提到的一个重要概念是人们很少争论对错，他们在意的多半是自己是否被看到、被听到。人们在与自己在乎的人发生激烈冲突时会感到非常痛苦，这是因为当别人持有不同观点时，我们的潜意识会认为自己的感受在别人眼中没有意义。而这最终会加剧冲突。

因此，首先要确认向你表达情绪的人带有哪些情绪。但要时刻牢记，确认情绪和确认行为之间存在很大区别。例如，在艾米丽和朱莉两姐妹的故事中，如果艾米丽在争论中眼看就要生气了，怒气冲冲地要走出房间，她的行为肯定是既伤人感情又徒劳无益的。此时就要确认艾米丽的情绪而非她的行为，朱莉应该对艾米丽说："我知道你很受伤，所以才会情绪爆发。你这么难过还有没有其他原因？我想听你说说。但你不能再有这种一点火就炸的做法了。"这个极端案例就证明了为何情绪可以得到确认而行为不能。

重构问题

当你的个人情绪持续高涨时，要想确认伴侣或家庭成员的情绪是什么样的，你可以从重新定义某一个问题开始，这种做法也被称为认知重构。认知重构是指主动或自愿从一个更客观的角度来看待一个问题或一种情况的过程。

根据管理教练卡特·麦克纳马拉（Carter McNamara）的说法，有多种方法可以帮助人们做到认知重构，其中包括由被动变为主动，由关注别人转向关注自己。前者是一种以行为为导向的方法，使个人能够尝试重新构建情境。例如，艾米丽可以将她的想法从“如果我们不立即解决这场冲突，我会失去与朱莉的情感联系”转变为“要想和好如初，朱莉最急切的需要是什么呢？我最急切的需要又是什么？我能采取哪些措施找到折中方案”。

后者涉及从另一个角度看待你自己。例如，朱莉可以把她的观点从“艾米丽不支持我”转变为“我现在能做什么来支持自己”。通过参与认知重构，两姐妹将学会如何更好地反思自己的感受，以及如何将这些需求传达给自己的姐妹。她们也会更愿意倾听姐妹的感受，并以建设性的方式回应对方。语言上的转变可能也有所帮助，不妨试试“一起”“我们”“咱们”这类表达亲密感的语言，有意识地从自我防御的空间中转移出来。

接纳对方

接下来，专注于接纳。

- 与你发生冲突的人需要从哪些方面接纳你?
- 你能够从哪些方面接纳他们?

想要了解如何达成折中方案并最终接纳对方，首先要了解处于同一种情境的你及另一方的依恋类型。朱莉和艾米丽的例子就是对这一说法的生动注解。透明度或者说坦诚，对焦虑型依恋的人来说，至关重要。因为他们常常取悦他人，所以他们必须学会不再牺牲个人需求，并且学会与他人正确沟通。否则，焦虑型依恋的人就会开始心怀怨恨。

对艾米丽来说，这意味着她需要把事情和朱莉说清楚，因为她觉得自己有可能会失去和姐姐的情感联系。然而，艾米丽也必须接受一个事实：要彻底解决这次冲突，朱莉需要的时间可能要比她多一点。从另一个角度来说，朱莉必须告诉妹妹，她需要时间来处理自己的情绪，同时也要接受自己必须加快情绪处理的速度，才能照顾到艾米丽的感受这一现实。归根结底，这意味着两姐妹都需要表达她们的核心创伤被触发的方式，她们必须接受并考虑到自己和姐妹的需求。

对于那些已经表达出来并且得到接受的需要，还应当制定一项详细的策略以确保其实现。因为每个人的感知都是随着时间的推移而形成的，所以“我需要支持”这样的表达对不同的人可能意味着不同的事。因此，艾米丽必须对朱莉明确表达自己的需求——今后需要感受到和姐姐之间的情感联系，其中可能就包括当她担心友情生变的时候，朱莉得把家里的车借给她；可能也包括在一起吃晚饭、讨论她们的生活以及更频繁地交流。

她们不在一起的日子里，朱莉应该告诉艾米丽，她需要独处的时间进行阅读和做她喜欢的其他事。最后的目标是两人都能听到对方的感受，确认对方和自己的感受，允许双方在折中处理和设定边界的基础上表达自己。

小结

要总结朱莉和艾米丽的故事，先得假设她们遵循了本章所描述的所有步骤。

当艾米丽生朱莉的气、怒气冲冲地走出房间时，她停下来，亲眼看到了自身情绪在身体上引发的反应，并标记了自己的感受。

然后，她问自己："我在担心什么？"她的回答是："我担心自己会失去与姐姐和朋友的情感联系。"这让她认识到，她之所以会有这种感觉，是因为自身的核心创伤被触发了。这种核心创伤与她的焦虑型依恋一致：由不稳定的亲子关系造成的对被抛弃的恐惧。

接下来，艾米丽会评估自己的情绪水平，通过认识触发因素观察其引发的生理反应，当时的情形带来的痛苦就会减轻，因为她已经做好了应对准备。艾米丽向朱莉表达个人需求的同时，也会做好要寻找折中方案的心理准备。

如果朱莉也采用同样的方法，两姐妹就会交流她们的感受以及产生这些感受的原因，因此她们会更加同情对方的处境，更愿意寻找解决办法——而不是大喊大叫或不和对方说话。

将 EFT 法和依恋理论结合起来，同时运用我所提炼的结果导向型技巧，朱莉和艾米丽将会找到一个对她们自身以及两人关系更好的解决方案。现在，将这些步骤应用到你正在经历的冲突中，做出有效的改变吧。

小贴士

运用 EFT 法树立积极心态

本章概述的各种做法适用于所有依恋类型，但对焦虑型依恋、恐惧－回避型依恋和疏离－回避型依恋尤其适用。由于这三种依恋类型分别有未被满足的需求容易被触发，因此将潜意识和 EFT 法两相结合的方法将有助于解决冲突。此外，由于竞争需求在任何关系中都不可避免，本章概述的方法将引导我们回到更具积极意义的实践中去。

EFT 法在日常生活中可以通过多种途径实施。下面的例子就是各位可以采用的可行性做法，无论是传统的情绪聚焦疗法，还是我提出的其他潜意识作用机制，均可采用。

- 认知重构。在日常活动中练习认知重构。例如，假设你走进一个房间，然后想:“这里没有人喜欢我。”那就用自己的方式重新构建这一想法，问问自己：我喜欢自己哪一点？这会让你切换至另一个观察空间，减少当时的情境带来的情感负荷，帮助你树立积极的心态。
- 记录。如前几章所述，正视冲突并记录全过程，有助于你更加有效地处理这些冲突。用笔切切实实记录你所经历的触发因素以及你的解决方案。这样做会助你更加轻松地解决冲突，同时通过重复体验和强烈情感重新构建你的潜意识。

第 10 章

培养智慧的 RAIN 四步法

在本章中，我们将探索依恋类型和一种名为 RAIN 四步法的正念技巧间的关系。RAIN 四步法有助于我们建立潜意识研究的基础。请回想之前几章的内容：正念这一做法可以帮你从情绪反应状态转入亲眼见证状态。通过自我观察，我们在发生冲突时可以找到更合理、更有效的解决方案。

此外，当限制性的潜意识信念出现时，RAIN 四步法便可以给我们提供独一无二的机会来解决它们，即将依恋类型中表现出的潜在核心创伤与通过 RAIN 四步法展现的内在自我连接能力相结合，最终转变为更加贴近安全型依恋的依恋类型。这个过程有助于缓解各种人际关系中的冲突，让你能更透彻地理解情绪如何与潜意识信念产生联系，更深入地解读这些信念引发的各种行为。

RAIN 是四个英文单词的首字母缩写，代表一个包含四个步骤的过程，该过程可以帮助人们产生正念。

- 识别（Recognize）——识别当下发生了什么。
- 接受（Allow）——接受生活本来的样子。
- 探究（Investigate）——带着善意去探究。
- 非认同（Non-identification）——与自己的情绪保持距离。

梅拉·乔希（Meera Joshi）博士的研究显示：当人进行正念练习时，其改变情绪的神经化学物质的分泌量会发生变化。此外，磁共振成像也显示：随着时间的推移，作为对正念练习的回应，大脑中某些区域的大小甚至都会发生变化。

以负责管理情绪的杏仁核（以产生压力情绪著称）为例，当人进行正念练习时，其脑内杏仁核的尺寸会缩小。前额叶皮质负责解决除情绪管理之外的其他问题，实验证明，当人持续进行正念练习时，其前额叶皮质会变厚。最后，根据乔希博士的观点，负责记忆和学习功能的海马在人进行正念练习时同样也会变厚。

总而言之，正念可以帮你更好地适应环境，让你更加遵从内心。正念甚至还可以塑造你的大脑，让你做好更充分的准备迎接生活中的种种挑战。

RAIN 四步法由众多教师共同研发，RAIN 这一叫法由冥想指导师米歇尔·麦克唐纳（Michele McDonald）首创。RAIN 四步法旨在帮助人们形成自我关怀习惯，缓解内心压力。在对一种罕见的退行性疾病做出诊断后，美国著名心理咨询师塔拉·布莱克（Tara Brach）

将其用作情感困扰的应对机制。

步骤一：识别当下发生了什么

你需要做的第一步便是识别当下发生了什么。该步骤所采取的方式与 EFT 法、ACT 法以及 CBT 法相似，需要你亲眼见证自身的情绪变化。从 RAIN 四步法的角度来看，识别正在发生的事情能够让人立足当下，也能让人转入积极状态，而不是一直处于被动反应状态。

此外，极端的情绪状况会令人迷惑不解。花点儿时间问问自己产生了何种情绪，这样我们就可以更轻松地应对自身未被满足的需求，并弄清楚哪种解决方案对冲突中的各方来说最有效。

为了阐明 RAIN 四步法的技巧，我们将以两位正在斗气的朋友苏尼尔和克里斯为例。苏尼尔是一个恐惧-

回避型依恋的人，而克里斯是一个焦虑型依恋的人。他们两人生活在一起，苏尼尔生活邋遢，自己那摊子总也收拾不明白，克里斯因此十分生气，也会当面质问苏尼尔。刚开始苏尼尔还非常愿意接受建议。尽管苏尼尔感到沮丧，但他承诺自己会做出改变。然而，几周过后，苏尼尔并未做出实质性改变。后来他选择远离克里斯，因此克里斯开始担心自己伤了苏尼尔的心，给两人的友谊造成了消极影响。因此，当克里斯再次质问苏尼尔时，苏尼尔感到十分沮丧，还抱怨克里斯太过咄咄逼人。

RAIN 四步法中的多种技巧可以用来解决这一冲突，克里斯和苏尼尔两人的潜在核心创伤也可以被识别出来。发生冲突时，用我概述的方式把两种理论结合起来，你便可另辟蹊径，找到潜在的最佳解决方案。无论是苏尼尔出人意料的情绪反应，还是克里斯解决冲突的需求，都是他们各自依恋类型导致的典型反应。然而，两人都必须花点儿时间来识别当下发生了什么。通过这样的方式，他们会更乐于接受来自另一方的反馈，同时也更有可能发现自己产生的反应与自己的核心创伤是一致的。

苏尼尔必须问问自己：“我现在感觉如何？”在这个例子当中，对苏尼尔这个恐惧－回避型依恋的人来说，他可能会因为克里斯的批评受伤不已。这是因为这样的批评既触发了苏尼尔的核心创伤（“人际关系最终会导致痛苦”），还会让他陷入一种撕裂的境地：一方面，在朋友面前表现得十分情绪化；另一方面，又想摆脱自己易情绪化的弱点。从表面上看，克里斯的反应在苏尼尔看来表达的就是愤怒和困惑。从另一个角度来说，克里斯也会因为朋友的远离和剧烈的情绪反应而感到焦虑。

因为克里斯属于焦虑型依恋，所以他的核心创伤总会让他觉得自己遭人排挤、非常孤独。从表面上看，这种经历会导致克里斯产生不安感、沮丧感和脆弱感。克里斯首先要明确自己正在做出何种情绪反应，然后才能识别这一反应试图传递给自己的信息。

其次，克里斯要了解自己的情绪反应还伴随着哪些生理反应。克里斯也许会发现自己感到心神不宁，生理上也出现了紧张不安的反应。

请记住：只需识别当下发生了什么，不要以此评判你自己，这一点十分重要。比如，苏尼尔不应因自己远离了朋友而气恼，因为童年的遭遇给他造成了核心创伤，而这一创伤尚未修复。相反，他应该转向内心，关注当下。这将帮助他拔除内心成见，摈弃过时的想法，从而更了解当前的现实情境。

换言之，克里斯常有先入为主的潜意识信念，总觉得自己会遭人抛弃。这个想法导致他在这些情境下会出现焦虑情绪。只要花点儿时间关注当下，他就能更加有效地应对那些源自童年的过时的观念（觉得每个人都会像父母一样抛弃他)。

RAIN 四步法提供了一个独一无二的机会，让你能够更加深入地探究自己的依恋类型，并对其加以改变，让它更加贴近安全型依恋。通过运用这些正念技巧，你就能够了解自身的核心创伤，日常运用这些技巧时就能做出更持久的改变。

步骤二：接受生活本来的样子

RAIN四步法的第二步就是接受生活本来的样子。若你认识到自己当下正在感受某种情绪，别管它。通常来说，人们很反感强烈的情绪波动。令人不快的感觉（如沮丧、愤怒和紧张）通常都伴随着想要快速扭转局面的强烈冲动。然而，如果你能任由自己去感觉在某些特定情境下产生的各种情绪，那一刻你便是立足当下的，也会清晰地认识到自己的种种情绪在传递什么信息。

采用 RAIN 四步法的人在此过程中会对自己说许多鼓励的话。比如，面临焦虑情绪时，他们会对自己说“不要紧”。他们会反复这样做，直到真正接受现有情绪为止。这一做法能够化解抵触心理、抑郁情绪以及消极的潜意识构建行为。通过接受生活本来的样子，你的情绪反应会停留于当下，便于进行 RAIN 四步法的下一步——探究。

这一接受过程也被一些人称为“温和处理”。接受情绪正在发生的现实，而不是体验情绪以及抗拒情绪，如此该情绪的积累效应就会得到“温和处理”。温和处理是练习 RAIN 四步法时产生的独一无二的“副产品”。通过缓和由痛苦情境造成的低落情绪，一个人可以更完美地处理自己的情绪。

采用 RAIN 四步法的人未来持续施行 RAIN 法的可能性更大，因为其潜意识会重拾这些技巧，以免受不安情绪的干扰。接受生活本来的样子是 RAIN 四步法中非常独特的阶段，因为它源于一系列历史上出现过的心理练习。

RAIN 四步法的这一步骤建立的基础是长达几个世纪的心理学研究成果。现代心理学的起源可以追溯到 1879 年德国科学家威廉·冯特（Wilhelm Wundt）建立已知的全球首家心理机构。该机构的建立明确标志着心理学从生物学和哲学领域中分离了出来。然而，对人类思维和行为的哲学研究，其实可以追溯到古埃及、古希腊、古印度和古中国。

戴维·巴洛（David Barlow）和斯蒂芬·海斯（Steven Hayes）两位心理学家的最新研究表明：人类成年后的许多心理问题都源于情绪回避的习惯。尽管情绪回避可以在短期内缓和不悦感受，但从长期来看，它会阻碍人们实现抱负，给人际关系造成混乱，限制人们迎接生活挑战的能力。

回避类似焦虑这样的情绪会让一个人对可能出现焦虑感的所有情境变得高度警觉。

此外，情绪回避通常来说是徒劳无功的。这一做法多半会制造一种自证预言——越害怕焦虑就越容易焦虑。让情况更糟糕的是，预想的焦虑感可能随后就来，这种焦虑感很可能更具挑战性，可能比引发焦虑感的事件本身更难应对。正如你所见，若不运用正确的情绪应对机制，情绪回避可能会给个人生活造成严重的混乱。

这就是“接受生活本来的样子”这一阶段极为重要的原因。该阶段能温和处理一个人感受到的情绪，防止情绪压抑。为了清晰论证这一阶段的重要性，请回看克里斯和苏尼尔的例子。当两人出现第二次冲突的时候，苏尼尔就应该花点儿时间接受他感到沮丧这一事实。这样一来，他就不太可能像其他恐惧－回避型依恋的人一样选择逃离。

因为苏尼尔正在处理及体验当下的种种情绪，所以他会做好充分准备直面与克里斯的冲突，不会远离克里斯并且抑制自己的情绪。从某种程度上讲，这也有助于苏尼尔重新构建他的核心潜意识创伤（总觉得“脆弱会带来痛苦”）。再者，因为潜意识由重复体验和强烈情感构建，所以如果苏尼尔愿意花点儿时间留心自身感受、避免远离朋友，慢慢地，他潜意识中就会明白暴露弱点并不会带来危险。

想想对克里斯来说，同样的情境下他应该怎么做。作为一个焦虑型依恋的人，他应该接受自身围绕这段友情产生的焦虑和恐惧情绪。接受了这些情绪，克里斯就不太可能出现情绪化的反应，也不会太黏苏尼尔，令其不堪重负。像苏尼尔一样，克里斯接下来要学会接受一点：发生冲突时不一定非要立即做出反应。

随着时间的推移，克里斯会认识到即使不做出回应和自我牺牲也不会遭到抛弃，如此他便有能力逐渐重新构建自身的潜意识了。这种领悟也会削弱克里斯对苏尼尔产生的怨恨情绪，因为今后他也不大可能抛弃自身的情感需求，一味满足苏尼尔的需求了。时间一长，接受当下这一简单的举动会让两人以更好的视角处理个人问题以及友情问题。

牢记这件事很重要：最痛苦的冲突有时并非冲突本身，而是我们赋予冲突的意义。在克里斯的例子当中，他将冲突解读为苏尼尔会抛弃他，因为他当面质问过苏尼尔邋遢的事。然而，对苏尼尔来说，克里斯专横的性格则强化了他原本的想法：亲近的关系会带来痛苦。

总而言之，两人都必须接受该情境下出现的种种情绪，这样才能根除他们各自投射到这场冲突中的潜在想法。至此，他们便可以进入 RAIN 四步法的下一步：探究。

步骤三：带着善意去探究

RAIN 四步法的探究步骤有趣的地方在于，在探究自身情绪时，你必须带着善意。人类的潜意识思维是为自我保护而生，所以它通常会否定我们的情绪，因为这些情绪是对自我的反映——有时这样的刻意否定会令我们愧疚难安。换言之，就像某人做了什么可耻之事一样。比如，他们可能对自己的伴侣不忠。通常来说，他们会对这一行做出合理解释，以免心生羞愧。他们也许会对自己说：我之所以这么做，是因为另一半对我既无爱意也无陪伴。

事实上，这表明他们的思维正试图进行自我保护，让自身免受当时情境引起的羞耻感或负罪感等不愉快感受的影响。你的思维整天都在以这样不易察觉的方式尽心尽力保护你，让你免受不愉快情绪的影响。结合依恋类型来看，这种自我保护性反应表现为远离同伴、变化无常、过于黏人等做法。因此，当你探究自身感受时，请以一种开放有爱的方式进行。要记得：我们是人类，人类都会犯错误。人无完人，只要尽了全力就不会有遗憾。

在对伴侣不忠这个例子当中，对背叛的一方来说重要的是：承认自己犯了错，直面心中残存的愧疚情绪。这是不检点行为出现后一段关系可能得到修复的唯一方法，也是那个践踏了这段关系的人切实提升自己的唯一途径。

请记住：要时刻带着善意施行 RAIN 四步法的第三步，我们现在就可以接着讨论一下何为探究。探究这一过程就是询问你的潜意识思维想要告诉你什么。在之前的步骤中，苏尼尔和克里斯都曾承认自己正以某种方式感受自身情绪并且任其自然发生，而探究这一步会让两人了解自身的核心创伤从何产生。此外，该步骤还会将该情境下两人的共同需求呈现出来。

通常来说，若不进行 RAIN 四步法练习，一个人的情绪可能就会被某种情境困住，其会对外部环境做出判断。然而，这样的判断通常是不准确的，因为说到底，每个人都有各自的依恋类型和核心创伤，并且每个人都会基于自己的个人理解赋予情境意义。

开启探究过程时，请记住：你被触发时感受到的事物包含当下的一切，再加上与该触发因素相关的所有过往的情绪。患有创伤后应激障碍（PTSD）的人便是例子。

一旦 PTSD 患者所处的外部环境中的某些因素让他们联想起从前遭受创伤的种种经历，他们对当前事件的情绪反应就会因为过往存储的种种情绪而变得愈加强烈。因此，你有必要问问自己几个问题：“我的想法是什么”，以及“什么样的情绪反应最需要得到关注”。通过追问自己这些问题，你也许会发现当前情境下你需要满足的未被满足的需求。

总而言之，你的潜意识思维会竭尽全力完成近乎所有的事情，以满足你似乎未被满足的需求。比如，刚离婚的人也许会发现自己最近看的爱情喜剧比以前多，因为他们的大脑正着意填补爱情的空缺。当某些需求在潜意识中已经根深蒂固时，人们便会做出相应的举动以满足那些需求。

苏尼尔和克里斯的例子就能说明这一点。克里斯的核心创伤或者情感空缺，集中体现为人际关系的可靠性，因为他小时候被人抛弃过，所以当苏尼尔和克里斯发生冲突时，克里斯内心非常渴望这段关系能平稳发展。因此，克里斯不惜做出自我牺牲以满足这个需求。在这种情况下，两人首次交谈之后，一连几个星期克里斯尽量对苏尼尔的邋遢视而不见。克里斯心里觉得只有牺牲自己对保持公寓清洁的需求，才能维持他和苏尼尔的关系。

然而，这种自我牺牲不可避免地会滋生怨恨情绪。

如你所见，人类大脑会诱发某些行为，作为满足童年时期未被满足的需求的应对机制。然而，如果我们不能理解自己为何以这样的方式行事，结果便会适得其反。

在 RAIN 四步法中，探究阶段十分重要。

- 请你问问自己：在已出现的冲突中，你想要满足什么需求？
- 你的情绪是如何引导你采取某些做法的？
- 你从中了解到自身哪些重要的未被满足的需求？

请记住：在探究的过程中，你必须善待自己。认识并接受自身的核心创伤对许多人来说可能很痛苦，这是因为核心创伤中保留了长达数年或者几十年的负面情绪。通过直面内心并善待自己，你将更有可能识别自身在特定情境下真正未被满足的需求。

一旦你发现自己的未被满足的需求，从这些

未被满足的需求的对立面考虑问题也许会有帮助。

比如，感觉遭到抛弃的对立面是感觉自己被珍视、接纳及保护。一旦克里斯认识到自身的核心创伤集中体现为被抛弃感，并发现自己的未被满足的需求就是情感联系，他就可以探寻对立的情绪在其生活中以何种方式出现。

比如，与苏尼尔或其他朋友度过的所有时光都让克里斯觉得自己备受珍视和保护。寻找与自身核心创伤表现的情绪相反的情绪类型这一简单举动，在任何情况下都有助于缓解和消除整体情感负担。

总之，RAIN 四步法的第三步就是通过提出探索性问题来了解自己做何感受。这些问题将会引导你发现自身可能存在的核心创伤和未被满足的需求。这一做法有助于你了解自己为回应那些未被满足的需求和核心创伤而做出的行为，因此可以帮你识别在哪些情境下可以采取相反做法。当前状况及情绪会引发一些想法，找到推翻这些想法的情境，你正在忍受的事情带来的痛苦就会得到极大的缓解。

步骤四：与自己的情绪保持距离

RAIN 四步法的最后一步是非认同。非认同意味着你不认同自己的情绪类型。塔拉・布莱克认为："你的自我认知不要与任何特定的情绪或经历融合在一起，也不要由其定义。"在布莱克看来，非认同这一过程就是在完成 RAIN 四步法前三步以后自然而然发生的。一旦你已经探究到自身情绪，便会进入名为"自然意识"的阶段。这意味着你摆脱了情绪造成的约束，可以真正从第三方视角来观察所处情境和你自己。然而，进入自然意识阶段并不会重新定义你的自我认知，也不能修复你的核心创伤。

请思考构成你认知的某些关键部分是如何产生的：情感上的缺憾是由童年时期的亲子关系造成的。这里就以恐惧－回避型依恋的人为例，他们的情感缺憾就是缺乏始终如一的情感联系。

我们与生俱来的生理恐惧便是害怕遭到抛弃，因为婴儿时期我们都依赖于照料者才能生存下来。对焦虑型依恋的人来说，集中体现为抛弃的触发因素便由此产生。这也让他们产生了认为自己会遭到拒绝的核心创伤。因此，焦虑型依恋的人成年后会做出专横傲慢或自我牺牲之举，这都是其潜意识信念的体现。

身份认同感可能也源自这些核心创伤。因为我们的大脑常会试图满足我们的需求，相关大脑区域已将童年时期的种种情感缺憾做了填补，最终促成了我们的身份认同感。例如，在克里斯小时候，他的父母常常忙于工作，但是与克里斯见面时他们又充满关爱、呵护备至。因此，克里斯无法学会如何正确地自我安慰。当父母不在身边时，婴儿时期的克里斯就变得十分焦虑。然而，在克里斯的爱情关系中，他感到自己与伴侣情投意合，对方愿意倾听，很认可他。

因为在克里斯的爱情关系中，其核心创伤遇到反证，所以他开始认为自己是一个“顾家的人”。尽管这个浅显的案例证实了认知与依恋类型之间的关联，但其实潜意识对认知的形成贡献更大。因此，RAIN 四步法的最后一步可以进一步发挥作用，让你更加贴近安全型依恋。这最后一步有一个重要方面——需要考虑让自己脱离反应性状态到底有多么重要。

通过留意个人情绪和非认同做法，我们最大程度地实现了自我表达。我们不能一直处于反应性状态，而是应该有效且合理地评估当下情境。

为了阐明非认同做法的成因，我们还是以苏尼尔和克里斯的故事为例。此时，苏尼尔已经识别出自身情绪并接受自身带有这些情绪的现实，也探究了自己的核心创伤。在 RAIN 四步法的最后一步，他必须达到自然意识状态，这样才能真正见证自己赋予所处情境的意义。作为一个恐惧 - 回避型依恋的人，苏尼尔的核心创伤主要体现为暴露弱点时缺乏安全感以及常常感觉自己没有价值。

因此，克里斯的批评使苏尼尔十分受伤，也让他延续了不健康的依恋类型。苏尼尔的情感缺憾包括在各种人际关系中缺乏安全感以及暴露自身脆弱时会遭遇痛苦。他的核心信念之一是认为自己会遭人利用。

遭到克里斯质问时，若苏尼尔无法让自己摆脱愤怒情绪，问问自己为什么对这小小的抱怨反应如此激烈，他就无法追溯这些情绪产生的根源，即人际关系之痛。摆脱愤怒情绪之后，苏尼尔就能客观地审视自我。这就是情绪对人类的作用：它们为我们提供了警钟，警告我们具有限制性的潜意识信念正被激活。

请记住：这些技巧同样也适用于疏离 - 回避型依恋和安全型依恋的人。尽管安全型依恋的人的核心创伤很少，但他们互相矛盾的需求最终仍会导致冲突。如果你是安全型依恋的人，请练习 RAIN 四步法的每一步，这样就可以尽量以最佳视角解决冲突问题了。

然而，对疏离 - 回避型依恋的人来说，练习 RAIN 四步法比安全型依恋的人略微复杂一些。疏离 - 回避型依恋的人在童年时期遭受了情感忽视，因此他们的核心创伤在于缺乏安全感。疏离 - 回避型依恋的人的核心信念是自己有缺陷，这是因为他们童年时未能得到期望中的关注。如果克里斯是一个疏离 - 回避型依恋的人：

- 他首先会识别出：自己正在对与苏尼尔的冲突做出情绪回应。

- 接下来，他得让自己去体会该回应什么，他也许会说一句“不要紧”，以重申自己可以从容接受当下的感受。
- 之后，他必须带着善意探究：“我现在是怎么想的？”

在这种情况下，克里斯可能会认为：苏尼尔与他争吵是因为自身有缺陷——这种想法加深了他消极过时的潜意识信念。之后克里斯可以将该想法溯源至自身的核心创伤：“所有的人际关系都是不安全的，我只能依靠自己。”

正如你所见，若没有 RAIN 四步法的前三步，克里斯这个不健康、不真实的想法根本不可能浮现。之后，通过非认同这一步，克里斯才能真正明白：在这个情境下产生的各种情绪都是为了让他成为更好的自己。从这一点看，他将有能力寻找相反证据，然后重新构建自己的潜意识。

总而言之，RAIN 是一种正念疗法，该疗法可以和我对潜意识思维及依恋类型展开的实证研究获得的种种发现进行搭配使用，让我们更贴近安全型依恋。RAIN 四步法是众多极其有用的技巧中的一个，这些技巧可以让我们更加客观地看待问题，不断进行自我探索。

小结

使用 RAIN 四步法并借此机会观察自己内心的看法和想法，我们就能根除并重新构建过时创伤。现在我们可以重新审视苏尼尔和克里斯之间的冲突了。

一旦苏尼尔认识到自己作为恐惧－回避型依恋的人的核心信念已被触发，他就会着手寻找相反证据。这让苏尼尔认识到表达自己时他是安全的；这也帮助他消除了克里斯的质问导致的消极感受。从此，苏尼尔不再那样情绪化，也不再认为克里斯的要求是在针对他。

苏尼尔认识到忙碌的安排让自己没有时间打扫卫生，自己应该首先找时间打扫卫生，让公寓保持整洁。对苏尼尔来说，他潜意识里不再认为这种情境意味着他没有价值，也不意味着他和克里斯的关系会带来痛苦。反过来说，克里斯也明白了自己不会因为表达个人需求而遭到抛弃。

克里斯可以坦诚表达，因为自己童年有过缺乏关爱的经历，所以苏尼尔的疏远令自己十分痛苦。他认识到自己可以温和地要求苏尼尔注意他的反应。此外，关于公寓的清洁安排，克里斯也不会再做出自我牺牲，而是与苏尼尔达成折中方案，两人共同分担。

总而言之，RAIN 四步法给苏尼尔和克里斯都提供了消除该情境下触发的情绪的方法。认识到自己的依恋类型、核心创伤、核心信念，找到方法去解决它们——这些行为的积累效应可以为你的生活带来巨大的积极变化。

小贴士

运用 RAIN 四步法迎接生活挑战

RAIN 四步法对那些想要提升自己的人而言十分有效，对解决不同依恋类型的人之间的冲突最为奏效。RAIN 四步法还可以用于应对任何有需求未被满足的情况。此外，对于帮助人们反思过往经历以及将正念带入日常生活等做法，RAIN 四步法也十分适用。

一天之中有效地进行正念练习的方式有很多。不妨试试下面这些简单的方法：

- 冥想。和其他治疗形式一样，冥想是练习正念的极佳方法。它能够为你提供一个安静的、以生理需求为重的契机，让你探究自我并以客观视角观察自身情绪。

- 反思。在一天之中不时自查一下，询问自身有何想法，反思一下这些想法产生的情绪，便是立足当下的好方法。反思也能阻止自动思维的产生，并帮你摆脱自动启动的思维模式。
- 锻炼。锻炼益处多多，除了能够带来身体上的益处，还能提供不间断的机会让你检查自身——这种检查是从身体和情绪两方面切入的。在安静的小路上跑步或者在社区散步能够给你提供达成自然意识状态所需的空间。
- 交流。所有的自我反思不一定

非得一个人进行。如果你刚刚接触正念或者想要把 RAIN 四步法介绍给其他人，那么你应该和别人一起谈谈某个情境，同时也要认识你自己。请确保你与别人交流的环境是开放自由的，且在该环境下你们的谈话能带来积极作用，内容保持真实。在与别人交流的过程当中，互相认可是十分重要的。

总而言之，在任何情境下你都有余地练习正念——特别是在那些十分紧张的情境下，或者是当你有一个进行自我反思的安定条件时，都可以练习正念。请记住：通过关注自己，你可以提高自我幸福程度和周围人的幸福指数。

ATTACHMENT THEORY

致谢

这本书的问世离不开许多人的帮助。首先，我要向我的姐姐斯约兰德·吉布森（Sjorland Gibson）表达最深的谢意，感谢她在整个创作过程中始终给予我坚定的支持；其次，我要向那些慷慨分享自己故事的朋友致以衷心的感谢，正是通过与他们的合作，我才能提出我在本书中分享的理论和观点；再次，我要感谢我的伴侣格雷厄姆（Graham），感谢他的支持和关怀；最后，我要向我的父母彼得（Peter）和梅兰妮（Melanie），以及我在个人发展学校志同道合的商业伙伴和朋友乔瓦尼（Giovanni）表达最诚挚的谢意。

未来，属于终身学习者

我们正在亲历前所未有的变革——互联网改变了信息传递的方式，指数级技术快速发展并颠覆商业世界，人工智能正在侵占越来越多的人类领地。

面对这些变化，我们需要问自己：未来需要什么样的人才？

答案是，成为终身学习者。终身学习意味着永不停歇地追求全面的知识结构、强大的逻辑思考能力和敏锐的感知力。这是一种能够在不断变化中随时重建、更新认知体系的能力。阅读，无疑是帮助我们提高这种能力的最佳途径。

在充满不确定性的时代，答案并不总是简单地出现在书本之中。“读万卷书”不仅要亲自阅读、广泛阅读，也需要我们深入探索好书的内部世界，让知识不再局限于书本之中。

湛庐阅读 App：与最聪明的人共同进化

我们现在推出全新的湛庐阅读App，它将成为您在书本之外，践行终身学习的场所。

- 不用考虑“读什么”。这里汇集了湛庐所有纸质书、电子书、有声书和各种阅读服务。
- 可以学习“怎么读”。我们提供包括课程、精读班和讲书在内的全方位阅读解决方案。
- 谁来领读？您能最先了解到作者、译者、专家等大咖的前沿洞见，他们是高质量思想的源泉。
- 与谁共读？您将加入优秀的读者和终身学习者的行列，他们对阅读和学习具有持久的热情和源源不断的动力。

在湛庐阅读App首页，编辑为您精选了经典书目和优质音视频内容，每天早、中、晚更新，满足您不间断的阅读需求。

【特别专题】【主题书单】【人物特写】等原创专栏，提供专业、深度的解读和选书参考，回应社会议题，是您了解湛庐近千位重要作者思想的独家渠道。

在每本图书的详情页，您将通过深度导读栏目【专家视点】【深度访谈】和【书评】读懂、读透一本好书。

通过这个不设限的学习平台，您在任何时间、任何地点都能获得有价值的思想，并通过阅读实现终身学习。我们邀您共建一个与最聪明的人共同进化的社区，使其成为先进思想交汇的聚集地，这正是我们的使命和价值所在。

Attachment Theory by Thais Gibson
Copyright © 2020 by Rockridge Press, Emeryville, California
First Published in English by Rockridge Press, an imprint of Callisto Media, Inc.
This edition published by arrangement with Rockridge Press, an imprint of Callisto Media, Inc., through BIG APPLE AGENCY, LABUAN, MALAYSIA.

浙江省版权局图字：11-2025-183

图书在版编目（CIP）数据

发现你的依恋类型 /（美）泰斯·吉布森著；胡晓姣，路佳，应李鲛译 . — 杭州：浙江科学技术出版社，2025.8. — ISBN 978-7-5739-1806-2

Ⅰ. C912.6-0

中国国家版本馆 CIP 数据核字第 2025FQ9450 号

书　　名	**发现你的依恋类型**
著　　者	[美] 泰斯·吉布森
译　　者	胡晓姣　路　佳　应李鲛

出版发行	**浙江科学技术出版社** 地址：杭州市环城北路 177 号　邮政编码：310006 办公室电话：0571－85176593 销售部电话：0571－85062597 E-mail:zkpress@zkpress.com
印　　刷	唐山富达印务有限公司

开　　本	880mm×1230mm　1/32	**印　　张**	7.5
字　　数	128 千字	**插　　页**	1
版　　次	2025 年 8 月第 1 版	**印　　次**	2025 年 8 月第 1 次印刷
书　　号	ISBN 978-7-5739-1806-2	**定　　价**	89.90 元

责任编辑	余春亚	**责任美编**	金　晖
责任校对	张　宁	**责任印务**	吕　琰